인공지능 시대의 영어 이야기

4차 산업혁명 시대의 언어교육 시리즈

인공지능 시대의 영어 이야기

윤여범 지음

한국문화사

| 머리말 |

　인공지능은 어느새 일상생활 속에 깊이 자리 잡았다. 자동차의 내비게이션이 대표적인 예라고 할 것이다. 처음 사용된 이후 내비게이션은 발전을 거듭하여 예전에는 상상하기 힘든 기능이 많아졌다.
　2016년 알파고의 등장과 함께 우리 사회 거의 모든 분야에서 인공지능의 영향력은 더욱 강해져가고 있다. 알파고는 컴퓨터 바둑 프로그램답게 계산 능력이 엄청나다. 그러나 알파고는 단순히 계산만 잘 하는 것이 아니라 바둑에 대한 감각을 가지고 있어서 이전에는 생각지 못했던 놀라운 수를 자주 보여준다.
　바둑을 '손으로 나누는 대화'라는 의미에서 수담(手談)이라고도 한다. 바둑이 361개의 점으로 이루어진 한정된 공간 속에서 무한대의 오묘한 변화를 보이듯이, 언어는 한정된 단어로 무한한 수의 문장을 만들어낸다는 공통점이 있다. 바둑과 영어를 공부하는 방법에도 공통점이 많지 않을까?
　이 책에서는 알파고, 번역기, 영어의 단어, 문법, 문맥, 발음, 교수법의 기본 용어와 개념을 최대한 쉽고 간결하게 이야기하고, 인공지능이 영어 학습에 어떻게 도움이 되는지를 설명하고자 했다. 이 책의 일부 내용은 서울교육대학교 대학원 강의 내용과 인공지능 전공 세미나 자료집(윤여범,

2021)의 내용을 보완한 것이다. 열심히 수강한 모든 대학원생에게 고마움을 전한다.

    끝으로 한국문화사의 김진수 사장님과 편집을 위해 수고하신 김주리 대리님께 깊은 감사의 뜻을 전한다.

2022년 1월

윤여범

| 차례 |

머리말 5

1 서론 10

2 알파고 이야기 20

1. 인공지능의 역사 23
2. 바둑의 어려움 30
3. 알파고의 등장 33
4. 알파고와 이세돌의 대국 35
5. 포스트 알파고 42
6. 바둑과 언어의 공통점 44

3 번역 이야기 50

1. 번역의 정의 53
2. 번역이 어려운 이유 55
3. 기계번역의 정의와 역사 59
4. 영어교육에서 번역기의 효과 63
5. 번역기의 활용 전망 64

4 단어 이야기 68

1. 형태론의 정의 71
2. 단어에 대한 지식 75
3. 단어의 구조 80
4. 단어 형성법 85
5. 어휘적 중의성 91

5 문법 이야기　98

1. 통사론의 정의 …… 101
2. 문법적 지식 …… 102
3. 영어 문장의 구조 …… 111
4. 구조적 중의성 …… 117
5. 컴퓨터의 문장구조 분석 …… 122

6 화용론 이야기　126

1. 화용론의 정의 …… 129
2. 언어적 맥락과 상황적 맥락 …… 131
3. 비유적 의미 …… 136
4. 언어 간의 화용론적 차이 …… 145

7 발음 이야기　150

1. 음성학과 음운론 …… 153
2. 영어의 자음과 음소배열 규칙 …… 158
3. 음성인식 …… 166
4. 음성합성 …… 175

8 영어 교수법 이야기　182

1. 영어의 4기능 …… 185
2. 어휘와 문법 …… 187
3. 문법번역식 교수법 …… 188
4. 청화식 교수법 …… 192
5. 자연적 접근법 …… 194
6. 어휘 중심 접근법 …… 197

참고문헌 …… 202
찾아보기 …… 206

1
서론

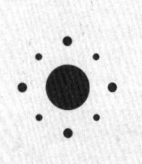

최고의 두뇌 스포츠 - 바둑

필자는 바둑이 최고의 두뇌 스포츠라고 생각한다. 바둑판에는 가로 19줄, 세로 19줄이 만나 이루어진 361개의 점이 있다. 바둑에서 승패를 결정하는 '집'은 이 361개의 교차점 중에서 흑과 백이 각각 둘러싼 영역을 의미한다. 상대보다 더 많은 집을 차지하기 위해서는 자신의 돌을 효율적인 곳에 두어야 하는데, 상대도 마찬가지 전략으로 경기를 하게 되는 것이다.

바둑에서의 전략을 '수읽기'라고 하는데, 수읽기란 "흑이 여기에 두면, 백은 저기에 두고, 또다시 흑을 여기에 두고 백을 저기에 두고…"와 같이 꼬리에 꼬리를 무는 연속적인 두뇌싸움이다. 이렇게 끝없이 이어지는 생각들을 영어로 a train of thoughts라고 표현하는데 바둑 수읽기의 '기차'는 끝이 보이지 않게 연결되어 있다.

바둑의 수읽기로 나올 수 있는 '경우의 수'는 계산 방식이나 이론적 근거에 따라 매우 다양하게 나온다. 바둑판에 있는 교차점의 수를 기준으로 361 팩토리얼로 계산하는 방식도 있고, 우주 원자의 수보다 많다는 주장도 있다. 공통점은 결국 바둑의 경우의 수는 거의 무한대라는 것이다.

따라서 인간이 완벽한 수읽기를 한다는 것은 불가능하며, 세계 정상권 프로기사들도 수읽기보다는 감각으로 최선의 수를 찾아내야 할 때가 많다. 바로 이 수학적으로 설명되지 않는 감각이야말로 바둑만의 특별한 영역으로 여겨졌다. 체스를 비롯해 많은 보드 게임에서 인간이 인공지능에게 패했지만, 위와 같은 이유로 바둑만큼은 다를 거라고 굳게 믿고 있었다. 사실 알파고가 등장하기 전까지는 바둑 프로그램이 프로기사는커녕 아마추어 고수에게도 이기기 힘들었다.

알파고의 등장

2016년 3월 알파고는 이세돌 9단과 역사적 대결을 벌였다. 배구, 테니스 등 많은 스포츠 종목에서 볼 수 있는 5전 3선승제의 승부였다. 그런데 한 쪽이 먼저 3번을 이겨도 5번을 모두 두는 특이한 조건이었다. 바둑계에서는 이세돌 9단이 완승을 거둔다는 분위기였으며, 이세돌 9단도 자신이 5:0 또는 4:1로 이길 것으로 예상했다. 반대로 과학자들은 알파고가 이길 수도 있다는 예상이었다. 결과는 잘 알려진 대로 알파고의 4:1 승리였다.

알파고의 실력은 상상 이상으로 강했다. 이세돌 9단과의 첫 판을 이기고 나서 알파고 연구팀의 책임자 데미스 하사비스(Demis Hassabis)는 알파고의 승리를 '달 착륙'에 비유하며 감격해했다(김의중, 2016). 알파고가 강한 이유는 두 가지로 나누어 볼 수 있다.

첫째, 알파고는 인간과는 비교할 수 없는 인공지능의 계산 능력을 갖추고 있다. 아무리 뛰어난 프로기사라고 해도 몇 분은 걸려야 할 수 있는 복잡한 '수읽기'를 몇 초 이내에 해낼 수 있다. 사람이 아무리 계산이 빨라도 계산기의 속도와 정확성을 따라갈 수는 없는 것과 유사하다.

둘째, 알파고는 바둑에 대한 직관 또는 창의성을 갖고 있다(Bostrom et al, 2017). 아무리 계산이 빠르고 정확해도 바둑의 경우의 수는 무한대에 가깝기 때문에 정해진 시간에 최선의 수를 찾기 위해서는 바둑에 대한 직관을 가져야 하는데 이는 컴퓨터의 자체 학습을 통해서는 얻을 수 없는 것이라고 생각했다. 그러나 이세돌 9단과의 대국을 통해 알파고는 단순히 계산만 빠르고 정확한 것이 아니라, 바둑에 대한 직관과 창의성을 가지고 있다는 것을 보여주었다.

'반전무인(盤前無人)'이라는 바둑 격언이 있다. 바둑은 고도의 정신력 싸움이기 때문에 상대를 의식하는 순간, 승부에 영향을 받는다. 상대가 약하다고 생각하면 '경적필패(輕敵必敗)'의 가능성이 생기고, 상대가 강하다고 생각하는 순간 움츠려들다 패하기 쉽다. 반전무인이란 바둑판 앞에 아무도 없다고 여기는 승부에 초연한 자세를 의미한다. 인간이 얼마나 많은 수양을 해야 반전무인의 경지에 이를지 알 수 없다. 그러나 알파고는 위에 말한 계산력과 직관, 게다가 반전무인의 경지에까지 올라 있다. 알파고는 상대가 누구인지 전혀 신경 쓰지 않는다.

바둑과 언어

바둑과 언어에는 공통점이 많다. 여기에서는 언어라는 일반적인 말보다는 영어로 한정하여 설명하고자 한다. 바둑과 영어를 둘 다 열심히 공부해 본 필자는 늘 이런 고민을 많이 했다. 바둑을 잘 두기 위해서, 바둑 실력이 늘기 위해서는 어떻게 해야 할까? 영어를 잘 하기 위해서는 무엇을 어떻게 공부해야 할까? 두 질문에 대한 답에는 몇 가지 공통점이 있다고 생각한다.

첫째, 영어를 잘 하기 위해서는 무엇보다 어휘를 많이 알아야 한다. 그러나 어휘를 많이 아는 것도 중요하지만, 자신이 알고 있는 어휘를 문법적으로 맞게 배열하고 상황에 맞게 사용할 수 있어야 한다. 영어 공부에서 어휘가 중요한 것처럼, 바둑 공부에서는 정석(定石)을 많이 아는 것이 중요하다. 정석이란 대국 초반에 흑과 백이 최선의 결과로 만들어낸 다양한 모양의 결과물을 말한다. 영어의 어휘와 같이, 바둑의 정석도 많이 알면 알수록 좋지만 상황에 맞게 쓸 수 있어야 한다. 상황에 맞지 않는 어휘를 사용하면 어색하거나 뜻이 통하지 않는 문장이 되듯이, 상황에 맞지 않는 정석을 선택하면 초반의 주도권을 잃게 되고 바둑을 이길 확률도 낮아진다.

둘째, 영어 문장의 수는 바둑의 경우의 수와 마찬가지로 무한하다. 영어의 모든 문장을 외울 수는 없기 때문에, 영어를 잘 하기 위해서는 영어에 대한 감이 필요하다. 이는 앞서 말한 바둑에 직관과 창의성이 필요한 이유와 일치한다. 모르는 단어들이 들어 있는 처음 보는 문장도 영어 원어민은 대략적인 의미를 이해할 수 있다. 문장의 전후 맥락을 활용할 수 있을 뿐만 아니라, 영어에 대한 감이 있기 때문에 문장 전체의 의미를 유추해낼 수 있다. 바둑에서도 유사하다. 바둑판에 펼쳐지는 무한한 가능성 중에 처음 보는 수를 접해도 프로기사들은 바둑에 대학 직관이 있어서 효율적인 대응 수단을 찾아낼 수 있다.

≋ 이 책의 구성 ≋

이 책은 전부 8개의 장으로 구성되어 있다. 1장 서론에서는 바둑과 알파고 이야기, 바둑과 영어의 공통점 등에 대해 언급한다.

2장에서는 인공지능의 발전 역사와 함께 인간 챔피언을 이긴 체스 프로그램 딥블루(Deep Blue), 퀴즈 프로그램 왓슨(Watson), 바둑 프로그램 알파고(AlphaGo)에 대해 소개한다. 이어서 바둑이 왜 어려운 게임인가를 살펴보고 알파고는 어떤 방식으로 학습하여 인간의 바둑을 정복할 수 있었는가에 대해 알아본다. 2016년 3월에 있었던 알파고와 이세돌 9단의 대국을 통해 나타난 알파고의 엄청난 계산 능력과 믿기 힘든 창의성에 대해서 설명할 것이다. 이어서 바둑과 언어의 공통점에 대해서도 논하고자 한다.

3장에서는 번역기에 대해 이야기한다. 인공지능과 영어교육의 관계에서 중요하게 부각되고 있는 것이 바로 번역기이다. 번역의 정의, 번역이 어려운 이유, 기계번역의 역사, 번역기의 영어교육에의 활용 등에 대해 살펴본다. 번역기의 정확도는 계속 발전해가는 단계에 있다. 이 책에서 예시로 든 번역기(파파고)의 번역 결과는 집필 기간 동안의 검색 결과이므로 추후 독자들이 검색해 본 결과물과 다를 수 있다. 마지막으로 번역기의 활용 전망에 대해 논의한다.

4장에서는 영어 단어에 대해 이야기한다. 단어에 대해 연구하는 언어학의 분야인 형태론에 대해 알아보고 단어의 구조와 단어 형성법에 대해 살펴본다. 단어의 어원을 많이 알면 어휘력 향상에 도움이 되는 이유에 대해서도 알아볼 것이다. 또한 bank처럼 한 단어가 다양한 의미로 사용되는 어휘적 중의성에 대해 논의하며, 컴퓨터가 단어의 의미를 파악하는 방식에 대해서 알아본다.

5장에서는 영어 문법에 대해 이야기 한다. 문법에 대해 연구하는 언어학의 분야인 통사론에 대해 알아보고 문법적 지식은 무엇이며 영어 문장의 구조는 어떻게 이루어져 있는가에 대해서 알아본다. 이어서 문장의 구조에 따라 여러 의미로 해석될 수 있는 구조적 중의성에 대해 살펴본다. 예를 들어, 문장 They saw the man with binoculars가 갖는 두 가지 의미는 무엇인가에 대해 알아본다. 또한 컴퓨터가 영어 문장의 구조를 파악하는 방식에 대해서도 알아본다.

6장에서는 언어 사용의 맥락에 대해 이야기한다. 인간의 언어는 어휘와 문법만으로 구성되는 것이 아니라 맥락이 반드시 필요하다. 컴퓨터가 자연어처리, 즉, 언어를 이해하고 생성하는 데 있어 어휘와 문법 이외에도 맥락에 대해 파악하는 것이 중요하다. 맥락에 대해 연구하는 언어학의 분야인 화용론의 정의에 대해 알아보고, 맥락을 언어적 맥락과 상황적 맥락으로 나누어 논의한다. 또한 은유법을 비롯한 비유적 언어 사용에 대해 살펴보고 영어를 위주로 언어 간의 화용론적 차이에 대해 논의한다.

   7장에서는 영어 발음에 대해 이야기한다. 먼저 발음에 대한 언어학의 분야인 음성학과 음운론에 대해 알아본다. 두 분야의 공통점과 차이점에 대한 설명을 통해 영어 발음의 이론적 체계에 대하여 논의한다. 영어 자음과 한국어 자음의 차이점을 알아보고, 자음이 배열되는 규칙인 음소배열 규칙을 통해 영어 발음과 한국어 발음의 또 다른 차이점에 대해 설명한다. 또한 컴퓨터가 음성을 텍스트로 전환하는 음성인식과 텍스트를 음성으로 전환하는 음성합성에 대해 알아본다.

   8장에서는 영어 교수법에 대해 이야기한다. 먼저 영어의 4기능, 듣기, 말하기, 읽기, 쓰기의 특징과 4기능을 분류하는 방법에 대해 알아보고, 영어를 구성하는 두 개의 주요 요소인 어휘와 문법의 특징과 차이점에 대해 논의한다. 영어 교수법 중에서 문법번역식 교수법, 청화식 교수법, 자연적 접근법, 어휘 중심 접근법의 특징과 인공지능과의 연관성에 대해 언급한다.

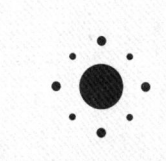

2
알파고 이야기

AlphaGo Resigns

이 문장을 화면에 보이며 알파고가 기권을 선언합니다. 마침내 이세돌 9단이 3연패 끝에 알파고에게 첫 승리를 거둔 것이지요. 이 승리가 인류가 알파고를 상대로 거둔 최초이자 최후의 승리인 것이 거의 확실해졌습니다. 이제 바둑 프로그램들의 실력은 어디까지 발전할지 예측하기 어렵습니다.

제2장에서는 다음과 같은 순서로 '알파고'에 대해 이야기해 보고자 합니다.

1. 인공지능의 역사
2. 바둑의 어려움
3. 알파고의 등장
4. 알파고와 이세돌의 대국
5. 포스트 알파고
6. 바둑과 언어의 공통점

1. 인공지능의 역사

인공지능이라는 개념은 1950년 앨런 튜링(Alan Turing)으로부터 시작된 것으로 볼 수 있다. 영국의 수학자이자 컴퓨터 학자인 튜링은 결과물을 놓고 인간의 작업인지 인공지능의 작업인지를 가리는 튜링 테스트(Turing test)로도 유명하다(Bostrom et al, 2017).

인공지능이라는 용어가 시작된 것은 1956년 다트머스(Dartmouth) 대학교에서 열린 학회에서이다. 학회의 공식 명칭 'The Dartmouth Summer Research Project on Artificial Intelligence'에 인공지능(Artificial Intelligence)이 등장한다. 학회 창립의 주도적인 역할을 한 인물은 존 맥카시(John McCarthy)였으며, 학회 창립자들의 목표에 대해 Bostrom et al(2017: 12)은 다음과 같이 언급한다. 기계학습에 대한 언급이 포함되어 있음을 볼 수 있다.

Every aspect of learning or any other feature of intelligence can in principle be so precisely described that a machine can be made to simulate it.

1956년 이후 현재까지 인공지능의 발전 단계를 구분하는 방법은 다양할 것이다. 예를 들어, 김대수(2020: 123)는 세계를 놀라게 한 5개의 인공지능 시스템을 소개하고 있는데, 이를 통해 인공지능 발전의 역사를 간단히 살펴보자.

① 1957년 마크 I 퍼셉트론
② 1976년 마이신
③ 1997년 딥블루
④ 2011년 왓슨
⑤ 2016년 알파고

첫 번째 인공지능 시스템은 1957년 프랭크 로젠블라트(Frank Rosenblatt)가 개발한 '마크 I 퍼셉트론(Mark I Perceptron)'으로서 문자 인식에 성공한 최초의 신경망 모델이다. 또한 1957년부터 기계학습이 시작된 것으로 본다(김대식, 2016).

두 번째 인공지능 시스템은 1976년 스탠포드 대학교에서 개발한 '마이신(MYCIN)'이다. 최초의 성공적인 전문가 시스템으로서, 혈액의 세균 감염을 진단하고 처방하기 위한 모델이었다(김대수, 2020: 124).

③, ④, ⑤에 제시된 인공지능 시스템, 즉, 1997년의 '딥블루(Deep Blue)', 2011년의 '왓슨(Watson)', 2016년의 '알파고(AlphaGo)'는 모두 게임

과 관련된 것이다. 노성열(2020)이 언급한 것처럼 인공지능 발달의 역사는 '게임 정복의 역사'라고 할 수 있다. 알파고에 대해 알아보기 전에 먼저 딥블루와 왓슨에 대해 살펴보자.

딥블루

체스는 서양에서 인기가 매우 높은 보드 게임으로 딥블루 이전에 1989년 딥쏘트(Deep Thought)라는 프로그램이 당시의 세계 챔피언인 러시아의 가리 카스파로프(Garry Kasparov)에게 도전했으나 일방적인 패배를 당했다. (이후 대국의 승패 등 상세한 내용은 감동근(2016)을 참고하였음.) 7년 후인 1996년 딥블루가 카스파로프에게 도전에 했으나 1승 2무 3패로 패배한다. 딥쏘트의 일방적 패배와는 달리, 딥블루는 인간 챔피언과 상당한 접전을 벌였다.

1년 후인 1997년 재도전에 나선 딥블루는 드디어 인간 챔피언을 상대로 승리를 거둔다. 대국 결과는 2승 3무 1패로 상당한 접전이었지만 시간이 지날수록 딥블루의 실력은 계속 향상되고 있었다. 인공지능이 드디어 사람을 상대로 체스에서 승리를 거둔 것이다. 딥블루의 승리는 대단하고 놀라운 업적이었지만, 일부 연구자들은 딥블루에 대한 실망감을 표하기도 했다(감동근, 2016: 57-58).

> 인공지능 연구자들은 대결의 결과와 세상의 관심이 반갑기는 했지만, 딥블루가 초기 인공지능 연구자들이 꿈꿨던 그런 방식이 아니라 강력한 계산 능력과 데이터베이스에 의존했다는 사실에 실망하기도 했다. (출처: http://www.nybooks.com/articles/2010/02/11/the-chess-master-and-the-computer/)

왓슨

왓슨(Watson)은 IBM에서 개발한 프로그램이다. 딥블루가 체스 세계 챔피언을 이길 수 있었던 것은 빠른 계산 능력과 논리에 바탕을 두고 있었다면, 왓슨은 이와 같은 딥블루의 능력에서 진일보한 것이다. 왓슨은 사람의 말을 알아듣고 적절하게 응답할 수 있는 대화 능력도 갖추고 있었다(Denham & Lobeck, 2013: 340).

It was logic that Deep Blue to beat chess champion Gary Kasparov at chess in 1997. Watson, it seems, brings us one step closer to being able to program computers to understand language in the way that humans do.

임완철(2017)은 왓슨이 갖춘 능력을 (1) 자연어처리 능력, (2) 학습 능력, (3) 연산 능력, (4) 저장 능력으로 구분하였다. 왓슨은 퀴즈를 푸는 프로그램으로서 특히 연산 능력과 저장 능력은 인간을 월등히 뛰어넘었다. 특히 주목해야 할 점은 딥블루에게는 없던 자연어처리(NLP: Natural Language Processing) 능력, 즉 인간의 말을 알아듣고 적절한 응답을 할 수 있는 능력을 왓슨은 갖추고 있었다.

이러한 능력은 왓슨이 2011년 미국의 유명 퀴즈 프로그램 제퍼디(Jeopardy)에 참가하며 공개되기 시작했다. 왓슨이 풀었던 문제를 예시로 하여 제퍼디의 진행 방식에 대해 간단히 알아보자. 제퍼디의 참가자는 3명이며 참가자들이 대답해야 하는 문제의 예는 다음과 같다(https://www.youtube.com/watch?v=YgYSv2KSyWg).

Category	The northernmost capital city
Clue	Dublin, Stockholm, Paris

이 문제의 경우, 퀴즈 참가자들은 '가장 북쪽에 있는 수도'라는 범위(category)를 미리 알고 있으며, 각 문제에 나오는 단서(clue), '더블린, 스톡홀름, 파리'를 듣고 알맞은 답을 고른다. 문제마다 금액이 정해져 있으며, 가장 먼저 정답을 맞힌 사람이 해당 금액을 획득한다. 오답을 말하면 그 금액만큼 삭감된다. 이 문제의 정답은 스톡홀름인데, 정답을 말하는 방식은 다음과 같이 의문문의 형태로 말하는 것이다.

What is Stockholm?

왓슨은 사회자가 말한 단서를 듣고 이해하여 정확한 의문문의 형태로 정답을 말했다. 왓슨은 이 문제와 같이 사실적 정보를 찾는 문제에 특히 강하다.

제퍼디의 우승자는 Final Jeopardy라고 부르는 마지막 한 문제를 풀고 결정된다. 마지막 문제를 풀 때에는 각 참가자가 지금까지 획득한 상금의 총액 범위 내에서 베팅(wager)을 할 수 있다. 마지막 문제 전까지 2, 3위에 위치한 참가자들은 최대한의 금액을 걸어서 역전을 노리고 1위의 위치에 있는 참가자는 확실한 문제가 아닌 한 틀려도 역전이 되지 않도록 최소한의 금액을 베팅한다. 다음은 왓슨이 당시의 최다 우승자인 켄 제닝스(Ken Jennings), 최고 상금 수상자인 브래드 러터(Brad Rutter)를 상대로 풀었던 첫 날의 마지막 문제이다(https://www.youtube.com/watch?v=II-M7O_bRNg).

Category	US Cities
Clue	Its largest airport named for a World War II hero; its second largest for a World War II battle

이 문제는 미국의 도시 중의 하나를 고르는 것으로 별로 어렵지 않은 문제이다. 정답은 '시카고'다. 시카고에서 제일 큰 공항은 2차 세계대전 미국의 영웅 이름을 딴 오헤어 공항(O'Hare Airport)이며, 두 번째로 큰 공항은 2차 세계대전의 격전지 이름을 딴 미드웨이 공항(Midway Airport)이다. 다른 두 명의 참가자는 쉽게 정답을 맞혔는데 그때까지 선두였던 왓슨은 '토론토'라고 대답한다. 미국 도시 중에 하나를 말해야 하는 것을 감안하고 왓슨이 그때까지 보인 실력을 감안하면 예상외의 오답이었다. 그러나 흥미로운 점은 자신이 없던 이 문제에는 아주 적은 금액을 걸었기 때문에 감점이 되었어도 왓슨은 무난히 1등을 확정지었다(Denham & Lobeck, 2013).

왓슨은 이어지는 대결에서도 제퍼디 사상 최고의 경쟁자들을 물리치고 최종 우승을 확정한다. 다음은 왓슨이 우승을 확정한 마지막 문제다.

Category	19th Century Novelists
Clue	William Wilkinson's "An Account of the Principalities of Wallachia and Moldavia" inspired this author's most famous novel.

이 마지막 문제는 단서를 보고 19세기 소설가 중에 한 사람을 말하는 문제이다. 결코 쉬운 문제는 아니다. 그러나 왓슨은 Who is Bram Stoker? 라고 말하며 정답을 맞힌다(https://www.youtube.com/watch?v=ll-M7O_bRNg). 왓슨의 엄청난 정보 저장 능력을 새삼 느낄 수 있다. 왓슨의 제퍼

디 우승에 대해 김의중(2016: 12)은 다음과 같이 언급했다.

지구상에 기록된 모든 사실을 알아맞히는 분야에서 사람의 수준을 넘어서기 시작한 순간이었다.

김의중(2016)이 언급한 바와 같이, 사실을 알아맞히는 분야에서 인간은 더 이상 왓슨의 적수가 될 수 없다. 더욱 놀라운 점은 2011년 당시에 왓슨이 갖춘 언어 이해 능력 및 구사 능력이었다. 영어 원어민의 평균적인 속도로 발음되는 퀴즈의 단서들을 듣고 정답을 알아낸 다음, 정확한 발음으로 정답을 말하는 것은 인공지능의 대단한 발전이라고 할 수 있다.

그러나 왓슨이 보여준 정보 처리 및 언어 능력은 인간의 수학적 추론 및 판단 능력과는 차이가 있다는 의견도 있다(Denham & Lobeck, 2013: 340).

Some argue, however, that Watson's intelligence is based only on knowable facts gleaned from written English texts. Human knowledge involves mathematical reasoning and judgment, and understanding language involves not simply semantics but also pragmatics: decoding meaning based on context.

특히 인간의 언어를 이해한다는 것은 언어 자체의 의미를 이해하는 것뿐만 아니라 언어가 사용되는 맥락(context)을 이해하는 것을 포함한다. 그런데 왓슨의 지능은 사실적 정보를 바탕으로 하고 있을 뿐이라는 주장이다.

2. 바둑의 어려움

앞서 딥블루와 왓슨의 능력을 통해 인공지능의 발전 양상에 대해 살펴보았다. 이제 알파고의 능력에 대해 알아보기 위해 먼저 바둑의 어려움에 대해 설명하고자 한다.

▌ 계산상의 어려움 ▌

다음 그림에서 볼 수 있듯이, 바둑판에는 가로 세로 각각 19줄이 있으며, 체스 판에는 가로 세로 각각 8개의 칸이 있다.

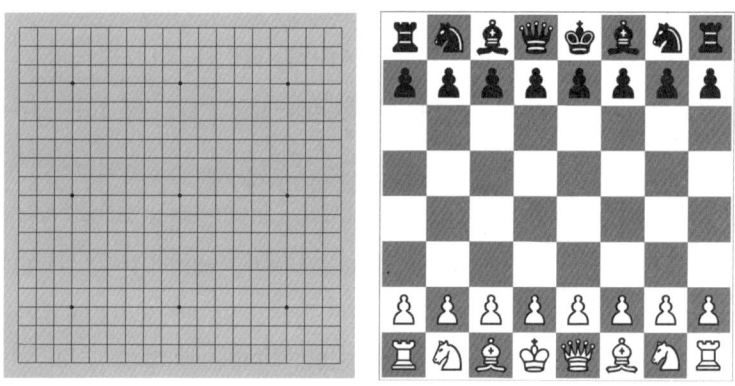

바둑과 체스는 보드 게임이라는 공통점이 있지만, 승리를 위한 계산상의 난이도에 있어서 바둑이 체스보다 훨씬 더 어렵다. 첫째, 바둑은 가로 19줄, 세로 19줄이 만나는 361개의 점 위에 흑돌과 백돌을 대국자가 번갈아 놓으며 두는 게임이지만, 체스는 가로 8개, 세로 8개, 전부 64개의 칸 위에 자신의 기물을 이동시키며 두는 게임이다. 둘째, 바둑은 빈 바둑판에서 시작하며 게임이 진행될수록 흑돌과 백돌이 바둑판에 점점 더 많아진다. 반면에 체스는 각자 16개의 기물을 미리 놓은 상태에서 시작하며 게임이 진행될수록 기물은 줄어들고 판은 간단해진다. 361개의 점과 64개의 칸에서도 이미 복잡도의 차이가 있는데, 게임이 진행되면서 차이는 더욱 커진다.

흔히 바둑의 복잡성에 대해 언급할 때 '경우의 수'라는 표현을 쓴다. 경우의 수란 바둑을 두 판 두었을 때 동일한 바둑이 나올 수 있는 확률을 의미한다. 예를 들어, 감동근(2016)은 체스의 경우의 수와 바둑의 경우의 수를 비교하며 바둑의 복잡성을 강조하고 있는데, 체스의 경우의 수는 10의 123승이지만, 바둑의 경우 10의 170승이라고 한다. 10의 170승이라는 숫자는 인간의 계산 능력으로는 확인이 전혀 불가능한 사실상 무한대의 숫자이다.

바둑에서는 361개의 점에 흑과 백이 교대로 착수(着手)하기 때문에 바둑의 경우를 수학적으로 계산하면 $361 \times 360 \times 359 \ldots$ 즉 $361!$이다. 이 숫자 자체만으로도 무한대라고 할 수 있는데, 바둑에는 '패'라는 수단도 있어서 바둑돌을 두었던 곳에 다시 둘 수 있는 경우의 수까지 있다. 이쯤 되면 바둑에서 최선의 수를 찾는 것은 인간의 계산 능력으로는 불가능하다. 2016년 당시의 알파고의 계산 능력으로도 바둑의 모든 경우의 수를 계산하는 것은 불가능했다. 알파고의 실력을 능가하는 현재의 인공지능 바둑 프로그램들도 무한대의 경우의 수를 계산하는 것은 불가능할 것이다.

바둑판에서 벌어지는 흑과 백의 전략 싸움과 경우의 수는 빅데이터(big data)와 유사한 면이 있다. 빅데이터의 기본적인 특성은 흔히 다음과 같은 3V로 나타낸다(박성현 외 2인, 2018: 61).

① Volume
② Velocity
③ Variety

첫 번째 특성은 크기(volume)이다. 빅데이터는 말 그대로 엄청난 양의 크기로서 인간의 능력으로는 처리가 불가능하다. 두 번째 특성은 속도(velocity)다. 빅데이터는 실시간으로 생산되며 매우 빠른 속도로 유통된다. 세 번째 특성은 다양성(variety)이다. 빅데이터는 정형 데이터(structured data)뿐만 아니라 비정형 데이터(unstructured data)로 구성되어 있다. 빅데이터는 약 10%가 계산과 예측이 가능한 정형 데이터이며 나머지 90%는 비정형 데이터라고 한다(김명락, 2020).

김명락(2020: 40)은 빅데이터보다는 '올데이터(all data)'라는 표현이 정확한 표현이라고 주장한다. 바둑판에서 일어나는 흑백의 전략과 그에 따른 경우의 수도 올데이터라고 표현하는 것이 적합해 보인다.

빅데이터는 데이터의 양으로 구분되는 것이 아니라 전체 데이터 중 일부를 인포메이션으로 선별했는지 여부다. 따라서 빅데이터라는 표현보다는 올데이터(all data)라는 표현이 정확한 표현이다. 발생한 데이터를 선별하지 않고 모두 수용했다면 올데이터, 즉 빅데이터인 것이고 그렇지 않으면 빅데이터가 아닌 것이다.

직관의 필요성

이처럼 바둑에는 계산만으로는 도저히 해결할 수 없는 어려움이 존재한다. 어느 정도 한계에 이르면 직관(intuition)에 의존할 수밖에 없다는 의미이다. 바둑에서는 이러한 직관을 '제1감'이라고 한다. 바둑 고수들의 제1감은 '지도다면기(指導多面棋)'의 상황을 떠 올리면 이해하기 쉽다. 한 명의 프로기사가 예를 들어 10개의 바둑판을 앞에 두고 10명의 아마추어와 지도 대국을 하는 경우, 프로기사는 모든 대국, 모든 수에 최선을 다하기는 어렵다. 그럼에도 불구하고 프로기사는 많은 연습을 통해 익힌 감각으로 대부분 무난한 수를 두며 많은 대국을 승리로 이끈다.

바둑 프로그램이 인간 바둑 고수들을 이길 수 없다고 판단했던 것은 적어도 두 가지 이유에서다. 첫째, 바둑 프로그램이 아무리 발달해도 거의 무한대에 가까운 바둑의 경우의 수와 복잡성을 따라올 수는 없을 것이다. 둘째, 컴퓨터의 계산 능력이 아무리 발전한다고 해도 프로기사가 가지고 있는 바둑의 직관을 가질 수는 없을 것이다.

알파고가 등장하기 전에도 컴퓨터 바둑 프로그램들이 있었지만, 결코 인간의 상대는 되지 못했다. 인공지능의 딥러닝(deep learning) 방식을 갖추지 못한 이전의 바둑 프로그램들은 계산력도 부족했을 뿐만 아니라 무엇보다도 바둑에 필요한 감각을 갖출 수 없었기 때문이다.

4년마다 개최되며 상금도 많아서 바둑 올림픽으로 불리는 잉창치배를 만든 대만의 잉창치 회장은 프로기사를 이기는 바둑 프로그램을 만드는 사람에게 거액의 상금을 주기로 하였으나 결국 아무도 상금을 받지 못 한 것으로 기억한다. 필자도 알파고가 등장하기 전까지 바둑은 결코 컴퓨터에게 정복되지 않을 것으로 확신했다. 아마추어 고수에게도 이기지 못 하는 바둑 프로그램이 프로기사에게는 더욱 상대가 되지 않을 것이 당연했기 때문이다. 그러는 사이 인공지능은 계속 발전하여 '알파고'라는 엄청난 프로그램이 개발되고 있었다.

3. 알파고의 등장

지금까지 인간과 대결을 벌인 게임 프로그램 이름에는 '딥(Deep)'이라는 단어가 많이 들어 있다. 1989년 체스에 처음 도전했던 '딥쏘트(Deep Thought)', 1997년 최초로 체스 세계 챔피언을 이긴 프로그램은 '딥블루(Deep Blue)'였다. 또한 구글에서 2014년에 알파고 개발을 위해 인수한 회사의 이름은 '딥마인드(Deep Mind)'이다. 이런 방식으로 이름을 지었다면 알파고도 '딥○○'과 같은 이름으로 등장했을지도 모른다.

딥마인드사에서는 자신들이 개발한 프로그램을 알파고(AlphaGo)라고 명명했다. 알파고는 최고를 뜻하는 알파(Alpha)와 일본어로 바둑을 뜻하는 고(Go)를 결합한 것으로, '최고의 바둑' 프로그램을 의미한다. 바둑은 한중일 3국이 주도하고 있으며 바둑의 영어 표기로 우리나라에서는 Baduk, 중국은 Weiqi를 사용한다. 영어권 국가들에게 최초로 바둑을 보급한 것이 일본이기 때문에 국제적으로는 Go라는 단어를 많이 사용한다. 아무튼 알파고라는 이름의 엄청난 바둑 프로그램이 2015년부터 정체를 드러내기 시작했다. 첫 상대는 유럽챔피언이었다.

알파고와 판후이의 대국

판 후이(Fan Hui)는 중국 프로기사 출신으로 2015년 당시 유럽 챔피언이었다. 딥마인드사에서 개발한 알파고는 2015년 10월 판 후이를 상대로 5번의 시험 대국을 했다. 이 대국이 큰 이슈가 되지 못했던 이유는 판 후이의 실력이 한중일 정상권 프로기사들과는 한참 차이가 났기 때문이다. 대국 결과는 알파고의 5:0 완승이었는데 사람들이 주목한 것은 승부의 결과보다는 바둑의 내용이었다. 유럽 챔피언을 이기기는 했지만 알파고의 실력은 세계 정상권 기사들의 실력과는 차이가 있어 보였다. 그러나 알파고는 판 후이와의 대국 이후에도 계속 실력이 늘고 있었다.

4. 알파고와 이세돌의 대국

2015년 10월 판후이와의 대국이 끝난 지 불과 5개월만인 2016년 3월에 알파고와 이세돌 9단의 대국이 성사되었다. 필자를 포함하여 바둑을 아는 많은 사람들은 이세돌 9단의 손쉬운 승리를 예상했지만, 과학자들 중에는 알파고의 승리를 예상하는 사람도 많이 있었다. 구글이 이세돌 9단을 알파고의 상대로 정한 것은 그의 독창적인 바둑 스타일과 지난 10년간의 꾸준한 세계대회 성적이 주요 이유였다.

대국 조건

알파고와 이세돌 9단의 대국 조건은 각자 제한시간 2시간, 초읽기 60초 3회, 덤 7집반으로 정해졌다. (대국 조건 등 상세한 내용은 감동근(2016)과 〈위키백과: https://ko.wikipedia.org/wiki/알파고_대_이세돌〉를 참고하였음.) '제한시간'은 각자 자유롭게 소비할 수 있도록 정해진 시간의 합이다. 대국자가 생각하는 동안 시간은 누적 기록되며 중반전 이후 누적된 시간이 제한시간을 초과하면 '초읽기'가 시작된다.

'초읽기 60초'의 의미는 제한시간이 지나면 60초 이내에 수를 두어야 한다는 뜻이다. '초읽기 3회'는 2회까지는 60초를 초과하는 것이 허용되지만 3회를 초과하면 '시간패'가 되는 것을 의미한다. 프로기사들은 초읽기 시간을 최대한 활용하기 위해 당연해 보이는 곳에서도 최대한 시간을 들여 생각하다가 초읽기가 끝나기 2, 3초전에 착수하는 경우가 많다. 제한시간이 상대적으로 짧은 바둑을 속기바둑, 긴 바둑을 장고바둑이라고 한다. 프로기사들은 속기바둑을 선호하는 속기파도 있고 반대로 장고파들도 있어서 어떤 제한시간과 초읽기가 유리할지 애매한 가운데 이세돌 9단과 알파고의 대국은 제한시간 2시간, 초읽기 60초 3회로 정해졌다.

'덤'은 바둑이 끝나고 계가(計家: 승자를 결정하기 위해 대국 종료 후, 흑과 백의 집을 세는 것)를 할 때, 먼저 두었기 때문에 유리한 흑이 자신의 집에서 공제하는 것을 말한다. '덤 7집반'이라는 조건은 계가 후, 흑이 8집 더 많으면 7집반 공제에 의해 반집을 이기는 것이다. 반집은 바둑판에 실재하지 않지만 무승부를 방지하기 위해 정한 것이다. 계가 후, 흑이 7집 더 많으면 7집반 공제에 의해 이번에는 흑이 반집을 진다. 즉, 승리하기 위해서 흑은 덤을 공제하기 전에 8집 이상 앞서야 된다.

알파고와 이세돌 9단의 대국은 파격적인 상금을 걸고 시작되었다. 세계 메이저 기전의 우승상금이 약 3, 4억 원임을 감안하면, 우승 상금 100만 달러(약 11억 원)는 대단한 금액이었다. 대국 조건은 다섯 판을 두어서 세 판을 먼저 이기는 쪽이 우승하는 것으로 정해졌으며 3:0처럼 승부가 가려져도 5판을 모두 두는 것이었다. 우승상금 100만 달러 이외에도, 대국료 15만 달러, 승리수당 2만 달러가 정해져 있었다. 2016년 3월 9일, 이처럼 파격적인 조건으로 대국은 시작되었다.

제1국

5번기 승부에서는 1국의 승부가 큰 비중을 차지한다. 더구나 사상 최초의 컴퓨터 프로그램과 인간 챔피언의 대결이어서 1국에 대한 관심은 매우 높았다. 흑백 선택권을 갖게 된 이세돌 9단은 의외로 흑을 선택했다. (한국식 룰은 덤이 6집반이지만) 이 대국은 중국 룰인 덤7집반으로 정해졌기 때문에 백이 유리할 거라는 전망이었지만, 이세돌 9단은 알파고를 상대로 새로운 시도를 해보고 싶었는지도 모른다. 그러나 예상을 뒤엎고 결과는 백을 든 알파고의 완승이었다.

제2국

2국은 이세돌 9단이 백으로 둘 차례다. 덤이 한국 룰보다 1집 많은 7집 반이었기 때문에 백이 유리할 것으로 판단됐다. 그러나 2국에서도 알파고는 완승을 거두었는데 그 과정에서 독창적인 수를 많이 보여주었다. 다음은 제2국의 초반 40수까지의 장면이다(온소진, 정수현, 2016: 14).

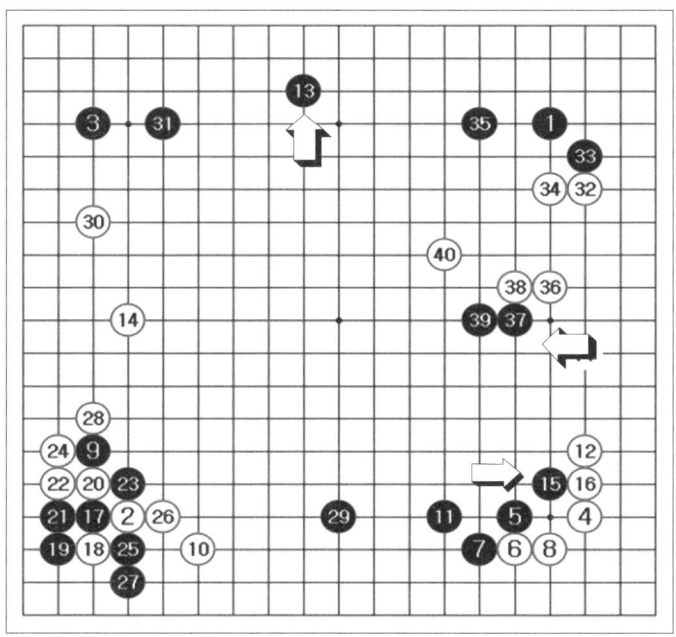

온소진과 정수현(2016)은 알파고가 둔 13수와 15수를 프로기사라면 고려하지 않는 수라고 평가한다(기보의 화살표는 필자가 표시하였음). 그동안 쌓인 바둑에 대한 연구의 결과로 흑백 간 초반에 벌어지는 최선의 진행을 정석(定石)이라고 한다. 그런데 흑 13수는 정석 진행 중에 다른 곳을 향한 것이라서 대단히 의외다. 또한 15수는 정석 과정 중에 바로 두지 않고 바둑의 변화 추이를 보다가 두는 곳인데 알파고는 초반에 바로 두어버렸다.

형세가 팽팽하게 진행되는 가운데 알파고는 37수를 두었다. 37수는 앞서 설명한 13수, 15수와는 비교가 되지 않을 정도로 놀라운 수였다. 해설자들은 "믿기 어렵다", "놀랍다" 등 다양한 반응을 보였다. 심지어는 37수가 마우스미스로 잘못 놓인 수라고 생각하는 해설자도 있었다.

기존의 바둑 이론으로 볼 때 37수는 대단히 이례적이며 알파고가 학습한 인간들의 기보에도 거의 나타나지 않는 수다. 일반적으로는 백의 36수가 지금보다 한 줄 오른쪽에 있으면 흑도 37수를 지금보다 한 줄 오른쪽에 둘 수는 있다. 그러나 실전의 37수는 이러한 일반적인 상황과는 매우 다른 수다. 온소진과 정수현(2016: 13-14)은 알파고의 37수에 대해 다음과 같이 언급했다.

> 알파고는 데이터에 입력된 수만 구사하는 것이 아니라 창의적인 대안을 모색한다. 거의 절대적인 수가 정답인 장면에서는 프로기사와 똑 같은 수를 구사하지만, 다양한 대안이 가능한 장면에서는 상식을 초월하는 수를 두는 경향이 있다.

일견 이상해 보이는 알파고의 37수가 대국이 진행되면서 주변 상황과 적절하게 어울리고 전체적인 판세를 유리하게 만드는 중요한 역할을 하게 되었다. 노성열(2020: 233)은 알파고의 37수가 창의적이면서도 '아름다운' 수라고 언급했다.

이세돌 9단과 대결한 알파고는 제2국 37수에서 인간 바둑역사에서 거의 없었던 창의적인 수를 두었다. 당시 해설가들은 알파고의 실수라고 선불리 분석했다. 그러나 이 9단은 4대1로 패배한 후 녹화한 다큐멘터리 프로그램에서 "알파고는 이기기 위한 확률적 계산을 하는 머신에 불과하다고 생각했었다. 그런데 그 수를 보는 순간, 알파고도 충분히 창의적이라고 생각했다. 바둑의 아름다움을 잘 표현한 굉장히 창의적인 수였다"라고 추어 올렸다.

제3국

이미 두 판을 진 이세돌 9단에게는 패배가 확정될 수도 있는 3국이지만 만약 3국을 이기면 여세를 몰아 3:2의 역전승도 가능하다. 5번기에서 0:2로 지다가 3:2로 역전승하는 경우도 종종 볼 수 있으니 마지막까지 기대를 하며 3국을 지켜보게 되었다. 그러나 3국마저 알파고가 승리를 거둠으로써 4, 5국의 결과와 상관없이 알파고의 우승이 확정되었다.

1국이 시작되기 전 필자는 이세돌 9단이 5:0으로 우승할 것이라고 예상했다. 1국을 패배한 후 뒤에도 한 판은 질 수도 있지만 결국은 이세돌 9단이 우승할 것이라고 믿어 의심치 않았다. 그러나 3국까지 모두 패배한 후에는 4, 5국 중에서 한 판이라도 이길 수 있을까에 관심이 집중되었다. 판 후이와 대결했던 5개월 전의 알파고와는 확연히 다른 알파고가 되어 나타난 것이었다.

제4국

알파고의 우승이 확정된 가운데 4국이 시작되었다. 이세돌 9단이 불리한 형세로 진행되고 있었지만, '신의 한 수'라고 불리는 78수로 판세를 극적으로 역전시킨다. 이후 불리해진 알파고는 초보자 수준에 해당하는 이상한 수들을 두기 시작했다. 지금까지 초일류 기사를 능가하는 수를 구사하다가 갑자기 심각한 오류를 보인 것이다. 알파고가 기권을 하는 방식도 화제가 되었다. 대국이 중계되는 모니터에 다음과 같은 문장이 나타났다.

> AlphaGo Resigns

프로기사들은 바둑판에 돌을 몇 개 올려놓는 등 다양한 방식으로 기권의 의사를 밝힌다. 그러나 알파고는 "알파고 기권함"과 같이 매우 간단한 문장으로 자신의 패배를 인정했다.

4국은 여러모로 화제가 되었다. 특히 이세돌 9단의 '신의 한 수'는 아직까지도 자주 언급되고 있다. 또한 이 바둑이 인간이 알파고에게 승리를 거둔 최초의 대국이면서 동시에 최후의 대국이기도 하다. 4국 이후 알파고는 인간을 상대로 수많은 대국에서 전승을 거두었으며 현재 인공지능 프로그램과 인간 최고수의 격차는 더욱 벌어져 있다.

제5국

알파고의 우승이 확정되었고, 이세돌 9단도 1승은 거두었기 때문에 긴장감은 다른 대국보다 떨어진 가운데 최종국인 5국이 시작되었다. 5국에서도 알파고는 승리를 거두며 종합전적 4:1, 알파고의 우승으로 세기의 대결이 끝났다.

알파고 승리의 의미

2016년 알파고가 이세돌 9단을 상대로 완승을 거둔 것은 1997년 딥블루가 체스 세계 챔피언에게 이긴 것보다 훨씬 더 큰 파급 효과를 가져왔다. 딥블루의 승리와 알파고의 승리의 차이점에 대해 Bostrom et al(2017: 220-221)은 다음과 같이 언급한다.

> AlphaGo's win against world champion Lee Sedol at the hugely complex board game Go was reminiscent of Garry Kasparov's 1997 bouts with IBM's Deep Blue supercomputer. But whereas that just demonstrated machines' superiority at brute-force calculation, AlphaGo's victory showed something else: creativity and intuition.

즉, 딥블루는 컴퓨터답게 '철저한 계산(brute-force calculation)' 계산에 의해 승리를 거둔 반면에, 알파고는 치밀한 계산 능력 이외에 무언가를 가지고 있다는 것이다. 바로 창의성(creativity)과 직관(intuition)이다.

또한 감동근(2016: 305)은 알파고의 승리에는 다음과 같은 시사점이 있다고 언급한다.

> 알파고의 성취가 시사하는 바는, 바둑과 같이 모든 정보가 공개되고 목표와 규칙이 명확하게 정의된 문제라면 어떤 문제든 풀어낼 가능이 높은 인공지능이 탄생했다는 점이다. 그러나 이것을 컴퓨터가 인간의 고유한 직관과 통찰을 갖게 된 것으로 해석하는 것은 과도하다.

그렇다면 모든 정보가 공개되어 있지 않고 목표와 규칙이 명확하지 않은 우리 일상생활의 다른 양상들, 특히 언어는 어떠한가? 예를 들어, 번역기의 현재까지의 발달 정도를 보았을 때 언어에 있어서 인공지능은 아직까지는 인간의 보조 역할에 머무르고 있으며, 가까운 미래에 번역기가 인간의 역할을 완벽하게 대신할 수는 없을 것 같다. 그러나 최근 인공지능의 발달 속도를 감안하면 정확한 예측은 어려워 보인다.

5. 포스트 알파고

알파고Zero의 등장

2015년 이후 알파고는 매우 빠른 속도로 발전하고 있었다. 어쩌면 대국 상대방에 맞추어 이길 만큼만 실력 발휘를 하고 있었는지도 모른다. 알파고는 다양한 버전으로 업그레이드되었다. 2016년에 이세돌을 이긴 알파고Lee에 이어 2017년에 알파고Lee를 압도하는 알파고Zero가 등장했다. 알파고Zero는 이세돌을 이긴 알파고Lee에게 100전 100승을 거둔다. 또한 2017년 당시 세계랭킹 1위였던 중국의 커제에게도 3:0 완승을 거두었던 알파고마스터 버전에게도 89승 11패로 압승을 거두었다(ICT시사상식 2019, 출처: https://100.daum.net/encyclopedia/view/55XX82700036). 2017년 이후부터 인간과 인공지능의 바둑 대결에서 승패는 논외가 되었다.

알파고Zero 이후 바둑계의 변화

알파고Zero 이후 우리나라와 중국, 일본은 인공지능 바둑프로그램 개발에 본격적으로 착수하였으며, 인공지능 프로그램끼리의 바둑 대회도 개최되었다. 마치 인간을 대신해서 사이보그끼리 싸우는 영화의 장면이 떠오른다. 한중일 각국에서 개발한 대표적인 바둑 프로그램들의 실력은 프로기사들의 실력을 월등히 뛰어넘는다. 현재 세계 정상권 프로기사들이 인공지능 바둑 프로그램에게 2점을 놓고도 이길 가능성이 낮다고 한다. 바둑에서 2점은 고수들 사이에서는 상당히 큰 격차다.

최근의 바둑 중계를 보면 알파고 등장 이전과는 달라진 광경이 몇 가지 보인다. 대국이 시작되기 전에, 대국자들은 휴대전화를 맡겨야 하며 보안 검색을 통과해야 한다. 대국이 시작되면 '실시간 승률 그래프'가 바둑판과 함께 TV 화면에 등장한다. 대국이 시작되면 처음에는 흑과 백의 승률이 약 50%로 나타나지만, 흑과 백 중 어느 한 쪽이 실수를 하는 순간에 승률 그래프는 급격히 변화한다. 흑이 실수를 하면 검은색 막대그래프가 줄어들고, 백이 실수하면 흰색 막대그래프가 줄어든다. 해설자는 인공지능이 제공하는 실시간 승률 그래프를 보면서 대국자들의 수가 좋은 수인지 실수인지를 평가한다.

대국자가 다음 수를 고민하고 있는 동안 인공지능은 최선의 수가 어디인지를 해설자의 바둑판에 바로 보여준다. 최선의 수는 바둑판에 파란색으로 나타나며 블루스팟(blue spot)이라고 부른다. 블루스팟에는 예를 들어 다음과 같은 숫자들이 나타난다.

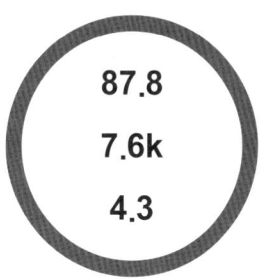

첫째, 87.8은 대국자가 블루스팟에 두었을 때 예상되는 승률을 %로 나타낸 것이다. 둘째, 7.6k는 블루스팟이 가장 좋은 수인지를 7,600번 검토

해 보았다는 뜻이다. 1초 정도의 짧은 시간에 정말 많은 검토 횟수다. 그 짧은 시간에 블루스팟만 검토한 것이 아니고 다른 가능한 수들도 수천 번씩 동시에 검토를 한다. 셋째, 4.3은 블루스팟에 두면 4.3집 유리하다는 의미이다. 흑백의 집 차이는 3.5, 4.5처럼 항상 .5로 나타나게 되어 있다. 그런데 4.3집 유리하다는 예상은 3.5집과 4.5집 중간쯤의 차이인데 굳이 선택하자면 4.5집에 가깝다는 의미일 것이다. 그런데 이 많고도 복잡한 확률과 숫자들이 어떻게 그렇게 짧은 시간에 계산될까?

이제 인간의 바둑은 블루스팟에 많이 둘수록 잘 두는 것이 되었다. 인공지능은 순식간에 최적의 수를 이미 알고 있지만, 프로기사는 시간을 투자하며 열심히 정답을 찾으려고 노력하는 것이다. 이러한 상황에 대해 노성열(2020: 138)은 다음과 같이 언급한다.

> 바둑 AI는 꼼꼼한 개인 가정교사처럼 후보 수의 승리 경로와 승률을 숫자로 명백하게 가려주기 때문에 프로 기사들은 언제 어디서나 이를 참고하여 실시간으로 공부할 수 있다.

이제 바둑에서 인간은 더 이상 인공지능의 상대가 될 수 없으며, 오히려 격차가 더 커질 가능성이 많다. 인공지능을 잘 활용하여 인간의 바둑 실력을 향상시키는 것이 현재로서 최선의 방책일 것이다.

6. 바둑과 언어의 공통점

알파고가 바둑 실력을 향상시켜가는 과정은 어린이가 모국어를 배워가는 언어습득(language acquisition) 과정과 공통점이 많다. 첫째, 빅데이터를 활용하는 학습이라는 것이다. 알파고는 이세돌 9단과의 대국을 위해 수십만 판의 기보(棋譜; 바둑 대국의 수순을 적어놓은 기록)를 자습해서 바둑 실력을 늘려갔다.

마찬가지로 어린아이도 태어나서 부모가 언어를 직접 가르치는 것이 아니라 주변의 수많은 음성 언어 데이터를 들으며 모국어를 습득해간다. 인간들이 둔 수십만 판의 기보 중에는 부정확한 수가 많이 있듯이, 어린아이가 태어나서 듣는 사람들의 수많은 문장은 비문법적이고 불완전한 것이 아주 많다. 그럼에도 불구하고 어린아이는 비문법적이고 부정확한 내용을 포함한 모든 입력(input)을 바탕으로 모국어 습득에 성공하듯이, 알파고도 인간들의 부정확한 수가 많이 들어 있는 바둑 빅데이터를 활용하여 실력을 향상시켰다.

둘째, 알파고와 언어습득의 공통점은 창의성에 있다. 언어습득에 있어서 창의성은 어린아이가 주위의 언어 입력을 모방하는 데 그치지 않고 어른들의 말에서는 한 번도 들어보지 못한 단어들을 말하는 것과 유사하다. 예를 들어, 영어 습득의 상황에서 어린아이들은 다음 3단계를 거치며 불규칙 동사의 형태를 파악한다(Fromkin et al, 2011: 344).

Phase 1	Phase 2	Phase 3
broke	breaked	broke
brought	bringed	brought

1단계의 broke와 brought는 아이들이 불규칙 동사의 과거 형태를 정확히 알아서 말한 것이 아니라, 현재형 동사와는 관련성 없이 독립적인 단어

로 인식하고 있는 것이다. 2단계의 breaked와 bringed는 어른들의 말에서는 전혀 들을 수 없는 단어이다. 그럼에도 불구하고 아이는 '지나간 일'에 대해 언급할 때 'ed'를 붙이는 나름대로의 규칙을 만들어, I breaked it과 같은 문장을 말한다. 이와 같은 오류를 과잉일반화(overgeneralization)라고 부른다(Brown, 2000; Fromkin et al, 2011). 3단계는 동사의 과거형에는 예외가 있음을 인식하여 정확한 단어를 말하는 단계이다.

과잉일반화는 외국어 학습에도 나타난다. Brown(2000: 91)은 다음과 같은 영어 학습자의 비문법적인 문장을 과잉일반화의 예로 든다.

He told me when should I get off the train.

이 문장은 He told me when I should get off the train과 같이 I와 should의 순서를 평서문처럼 바꾸어야 하는데, 학습자는 의문문처럼 should I의 어순을 그대로 사용하고 있는 점이다. 앞서 언급한 어린아이의 단어 오류 및 외국어 학습자의 어순 오류는 언어 사용의 창의성을 보여주는 것으로 간주된다.

그렇다면 알파고의 창의성은 어떻게 나타나는가? 한 번도 들어보지 못한 문장이나 단어를 바탕으로 어린아이가 나름대로의 규칙을 만드는 것처럼, 알파고는 자신이 학습한 인간들의 기보에서는 볼 수 없었던 '수'를 자유롭고 창의적으로 구사한다. 예를 들어, 앞서 설명한 이세돌 9단과의 2국에서 알파고가 둔 15수는 초반에는 결코 두어서는 안 되는 것으로 되어 있었다. 마치 I breaked it가 비문법적인 것처럼 15수도 알파고의 등장 이전에는 악수(惡手)로 알려져 있었다.

이 바둑을 보고 있던 필자는 알파고가 15수를 두는 것을 보고 2국에서는 이세돌 9단의 승리를 예상했었다. 이 수는 초반에는 전혀 두지 않는 수이며, 특히 프로기사라면 전혀 생각하지 않는 수였다(온소진, 정수현, 2016). 그러나 알파고는 선생님의 가르침 없이 자신만의 감각으로 초반의 계획을 세우고 있었던 것이다.

셋째, 바둑과 언어의 공통점은 바둑을 공부하는 과정과 영어를 학습하는 과정에서도 나타난다. 바둑을 잘 두기 위해서는 많은 것을 알아야 한다. 대표적으로 '정석(定石)'을 많이 알아야 하고 '수읽기'에 능해야 한다. 정석이란 대국 초반에 자주 나타나며 프로기사들의 연구에 의해 흑과 백이 두는 최선의 모양으로 미리 정해져 있는 것이다. 처음 바둑을 배울 때에는 기본 정석을 수십 가지는 암기해야 하며 실력이 늘면서 점점 더 많은 정석을 암기해야 한다.

이처럼 바둑의 정석은 영어의 어휘와 같다. 처음에는 무조건 외워야 한다. 또한 바둑에서 정석을 많이 알수록 좋은 것처럼 영어 공부에서도 단어를 많이 알수록 좋다. 바둑과 영어를 열심히 공부해 본 사람이라면 공감할 수 있을 것이다. 영어 단어에도 초등영어 수준, 대학영어 수준 등 난이도가 있듯이, 정석에도 다양한 난이도가 있다. 바둑 초보자용 정석도 있고 고단자용 정석도 있다. 마치 새로운 영어 단어가 나오듯이, 최근에는 알파고가 새롭게 만들어낸 알파고 정석도 등장했다.

바둑에는 "정석은 외운 후 잊어버려라"라는 다소 모순적인 지도 방법이 있다. 이는 정석을 외우고 바로 잊어버리라는 뜻은 물론 아니다. 바둑 초중급자들은 자신이 알고 있는 정석을 실제 대국에서는 부적합한 상황인데도 그대로 사용하고 있는 경우가 많다. 정석은 외운 후 잊어버리라는 말은 실제로는 "정석은 상황에 맞게 사용해야 한다"는 의미이다. 영어 단어를 공부하는 것도 마찬가지다. 단어를 많이 아는 것은 물론 중요하지만, 문법에 맞게 사용해야 하며 의미가 비슷한 단어들 중에서 상황에 맞는 것을 선택해서 사용하는 것은 더욱 중요하다.

영어와 바둑의 또 다른 공통점은 외우는 것에는 한계가 있다는 점이다. 바둑에서 정석 이후의 중반전 상황은 변화의 경우의 수가 워낙 다양하기 때문에 정석과 같은 미리 정해진 틀로 설명할 수 없다. 이때부터 필요한 것이 '수읽기'다. 수읽기란 "상대방이 여기에 두면 나는 여기에 두고…"와 같이 머릿속으로 계산을 하는 것이다. 10수 앞을 내다본다는 것은 위와 같은 머릿속 계산을 10번 이어서 한다는 의미이다. 더 멀리 수를 내다보는 사람이 이기는 것은 당연하다.

수읽기 능력을 바둑 책으로 기르는 것에 한계가 있듯이, 책을 통해 영어 구사력을 기르는 것에도 한계가 있다. 꾸준한 실전을 통해 감각을 길러야 하는 것이 바둑과 영어의 공통점이다. 바둑에서도 상대적으로 쉽고 어려운 상대방이 있듯이, 영어 회화에서도 그렇다. 실전 바둑과 영어의 공통점은 실력이 높을수록 상대를 의식하지 않게 된다는 점이다.

3
번역 이야기

Traduttori, traditori!

이탈리아어로 '번역자는 반역자'란 뜻입니다. 번역의 어려움에 대해 말한 대표적인 문장이지요.

제3장에서는 다음과 같은 순서로 '번역'에 대해 이야기해 보고자 합니다.

1. 번역의 정의
2. 번역이 어려운 이유
3. 기계번역의 정의와 역사
4. 영어교육에서 번역기의 효과
5. 번역기의 발전과 활용 전망

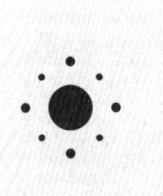

1. 번역의 정의

번역은 한 언어를 다른 언어로 옮기는 것이다. 예를 들어, 다음과 같이 영어를 한국어로 번역하는 영한번역, 반대 방향으로 한국어를 영어로 번역하는 한영번역으로 구분할 수 있다.

	원천어		목표어
영한번역	영어	⋯▶	한국어
한영번역	한국어	⋯▶	영어

원천어(SL: source language)는 번역의 입력이 되는 언어, 목표어(TL: target language)는 번역의 결과물이 되는 언어를 의미한다. 번역의 난이도는 목표어가 무엇인가에 따라 다르다. 한국인에게는 영한번역이 한영번역보다 더 쉬울 것이다. 영한번역은 목표어가 모국어인 한국어인 반면에, 한

영번역은 목표어가 영어이기 때문에 번역 결과물의 문법적 정확성과 언어적 적절성을 확신하기가 더 어렵다.

번역의 난이도를 결정하는 또 다른 요인은 원천어와 목표어의 언어학적 유사성의 정도에 있다. 예를 들어, 한국어 영어와는 어휘와 문법 등 거의 모든 면에서 유사점이 없지만, 한국어와 일본어는 어느 정도의 유사한 점이 있다. 한국어, 영어, 일본어의 유사성을 감안하여 다음과 같은 파파고의 번역 결과를 비교해 보자.

① 한국은 대중교통이 편리합니다.
⋯▶ Public transportation is convenient in Korea.

② 한국은 대중교통이 편리합니다.
⋯▶ 韓国は大衆交通が便利です.

①과 같이 한국어를 영어로 옮길 때에는 단어도 완전히 새로운 단어로 바꾸어야 하고 어순(word order)도 다른 점을 감안해야 한다. 예를 들어, 문장의 처음에 있는 '한국은'이라는 어구가 영문에서는 문장의 끝에 나오는 것처럼 어순이 매우 다르다.

②와 같이 한국어를 일본어로 번역할 때에는 ①과 같이 복잡한 과정이 거의 없다. 단어도 유사하고 특히 어순은 동일하다. 한국어를 일본어로 번역하는 과정이 고속도로를 달리는 것이라면, 한국어와 영어의 번역 과정은 좁고 복잡한 골목길을 따라 이동하는 것이라고 할 수 있다. 번역의 상대적 난이도는 (1) 번역의 최종 결과물이 모국어인지 외국어인지의 여부와 (2) 두 언어가 언어학적으로 얼마나 가까운지의 정도에 의해 결정된다.

2. 번역이 어려운 이유

언어학자 데이비드 크리스털(David Crystal)은 번역이 세상에서 가장 어려운 일이며 "번역가는 영원히 풀리지 않는 문제를 마주하는 일이 많다"라고 했다. 또한 Nutzel(2007: 206)은 번역의 어려움에 대해 이탈리아어로 "traduttori(번역자), traditori(반역자)"라고 했다. 아무리 정확하게 번역하려고 해도 완벽한 번역은 불가능하다는 것을 비유적으로 표현한 것이다. 흥미롭게도 이탈리아어에서와 마찬가지로 한국어에서도 '번역'과 '반역'은 상당히 유사하다.

번역이 어려운 이유에 대해 구체적으로 생각해보자. 예를 들어, 김기현(2019: 305)은 언어의 중의성과 문화적 차이에 대해 언급한다. 언어의 중의성(ambiguity)이란 여러 가지 측면이 있는데 여기에서는 다음과 같은 예시를 살펴보자.

  tall men and women

이 어구는 두 가지 해석이 가능하다. 첫째 해석은 형용사 tall이 men과 women을 모두 수식하는 것으로서 '키 큰 남자들과 키 큰 여자들'이다. 둘째 해석은 tall이 men만을 수식하는 경우로서 '키 큰 남자들과 여자들'이다. 일반적으로는 첫째 의미로 해석되지만 둘째 의미도 논리적으로는 가능하다.

문장 단계로 가면 언어의 중의성은 더욱 커진다. 다음 문장은 여섯 가지 의미로 해석이 가능하다(Rickerson & Hilton, 2012: 247).

John saw the woman in the park with a telescope.

첫째, 망원경을 가지고 있는 사람이 John인지 the woman인지에 따라 두 가지 해석이 가능하다. 둘째, 공원에 있는 사람이 John인지 the woman인지도 모호하다. 셋째, 공원에 망원경이 있는지 없는지에 따라 해석이 달라진다. 이와 같은 가능성을 모두 감안하면 전부 여섯 가지 의미가 나온다. 따라서 이 문장만으로는 여섯 가지 의미 중 어느 의미인지 알 수 없고, 문맥을 파악해서 가장 적합한 것으로 번역해야 한다.

두 언어의 문화적 차이는 때로는 정확한 번역을 거의 불가능하게 한다. 예를 들어, 영어의 brother는 나이를 중요시하는 우리 문화에서는 '형'과 '동생'으로 구분해야 하며 때로는 '오빠'로 번역해야 할 때도 있다. 마찬가지로 sister, uncle, aunt 등도 상황에 따라 다양한 번역이 가능하다.

영어와 한국어의 문화적 차이가 더욱 잘 드러나는 것은 존대법 사용 여부이다. 다음과 같이 간단한 문장도 ①과 ② 중 어느 것으로 번역할 것인지는 전체적인 맥락을 반드시 고려해야 한다.

See you later.
···▶
① 다음에 봐.
② 다음에 뵙겠습니다.

연장자에게 한 말을 ①과 같이 번역하면 무례한 것이고, 친구에게 한 말을 ②처럼 번역하면 지나치게 예의를 갖춘 것이다. 이처럼 맥락이 맞지 않으면 ①과 ② 모두 부적합한 번역이 된다.

언어의 모호성과 문화적 차이 이외에도 번역이 어려운 이유는 많다. 안정효(1996)는 많은 오역의 사례를 통해 번역의 어려움을 보여주고 있다. 예를 들어, 다음 문장을 우리말로 번역해 보자.

It snowed in eights.

이 문장의 단어와 구조는 간단한데 번역이 쉽지 않다. 안정효(1996: 149)는 이 문장이 어느 글에서 "눈이 여덟 송이씩 내렸다"라고 번역되어 있는 것을 발견했다. 이 문장을 번역한 사람은 고심 끝에 그렇게 번역을 했을 것이다. 그러나 정확한 번역은 "눈이 8자를 그리면서 떨어졌다"라고 한다.
다음 문장은 어떻게 번역하는 것이 가장 적절할까?

I have an idea.

이 문장은 "내게 생각이 있다"로 번역하는 것이 보통일 것이다. 직역에 가까운 이 번역이 오역은 아니지만 우리말의 어감을 살린 조금 더 나은 번역이 가능하다. "좋은 수가 있어"와 같이 번역하는 것이 더 나아 보인다(안정효, 1996: 47).
최근에 reusable cup을 '다회용컵'으로 번역한 것을 본 적이 있다. 직역하여 '재사용할 수 있는 컵'이라고 번역하는 것보다 더 적절한 번역이라고 생각한다. 이처럼 번역은 한 언어의 의미를 다른 언어로 그대로 옮기는 것뿐만 아니라 새로 만드는 과정이기도 하다.
또한 번역가는 세상사에 대한 지식도 많이 있어야 하고, 번역하는 분야에 대해서는 따로 연구해야 한다. 가령 야구를 잘 모르는 사람이 영어 실력만으로 번역을 한다면, perfect game을 아무 보충 설명 없이 '완벽한 경기'라고 번역을 할 수도 있다. 이렇게 번역해서는 뜻이 애매하다. 어느 정도 잘한 경기가 완벽한 경기일까? 야구에서 perfect game은 한 명의 투수가 27명의 타자를 상대해서 한 타자도 1루에 보내지 않고 이긴 경기를 말한다. 따라서 직역으로 그치지 말고 보충 설명이 있어야 한다.

번역의 어려움은 실시간 통역을 하는 경우 더 어려워진다. 통역을 잘하기 위해서는 언어적 능력이 뛰어나야 할 뿐만 아니라 통역에 필요한 암기력 순발력 등을 따로 훈련해야 한다. 한 번은 필자가 통역에 나섰다가 곤란을 겪었던 적이 있다. 빠른 시간에 쏟아져 나오는 정보를 다 기억했다가 적절하게 영어 또는 한국어로 통역해야 했는데, 무엇보다 이해한 내용을 한국어 또는 영어로 빨리 전환하는 능력이 부족한 것을 실감했다.

이처럼 어려운 통역도 전문가들은 쉽게 해낸다. 예를 들어, 최근에 화제가 된 영화 〈기생충〉의 '봉준호' 감독의 시상식에서 통역을 맡았던 '샤론 최'는 놀라운 실력을 보였는데 그중에서도 특히 기억에 남는 것은 다음과 같은 통역 내용이었다.

　　봉준호 감독: 영화는 스토리를 모르고 봐야 재미있거든요.
　　(통역) 샤론 최: The film is the best when you go into it cold.

통역은 실시간으로 진행되기 때문에 정확하게 옮기기도 바쁜데, 'go into it cold(준비 없이 일을 시작하는 것을 의미함)'와 같은 표현을 사용하면서 문장의 의미를 매우 적절하고 생생하게 번역하고 있다.

3. 기계번역의 정의와 역사

기계번역(machine translation)은 '기계'의 일반적인 어감 때문에 투박한 느낌을 줄 수도 있다. 그러나 기계번역은 다음의 정의에서와 같이 컴퓨터에 바탕을 둔 것이다(Banitz, 2000: 54).

> Machine translation is "a range of computer-based activities involving translation."

컴퓨터가 번역할 수 있는 기능을 갖추기 전까지 번역은 인간의 고유 영역이었다. 특정 시점을 기계번역의 시작이라고 정확히 말하기는 어렵지만 일반적으로 인공지능의 개념이 시작된 1950년대로 보는 견해가 많다.

예를 들어, 박영란(2018)은 기계번역이 1952년 미국의 MIT 대학에서 시작한 것으로 보며 기계번역을 활용한 대표적인 예로 1954년 러시아어와 영어 번역을 들고 있다. 이 당시의 번역은 러시아어 단어와 영어 단어를 1:1로 대응시켜 번역하는 방법이 주를 이루었으나, 지속적인 발전은 이루지 못했다. 기계번역이 본격적으로 발전하기 시작한 것은 1970년 시스트란(Systran)을 개발하면서부터이다(박영란, 2018). 1970년대 이후 현재까지 기계번역의 발전 단계는 다음과 같이 크게 세 단계로 나눌 수 있다(김영희, 2021).

① 규칙기반 기계번역
② 통계기반 기계번역
③ 인공신경망기반 기계번역

첫 단계인 규칙기반 기계번역(RBMT: Rule-Based Machine Translation)에서는 번역의 입력과 출력인 두 언어 간의 언어규칙을 기반으로 하여 번역한다. Banitz(2020: 56)는 규칙기반 기계번역에 대해 다음과 같이 설명한다.

> Rule-based approaches involve the application of morphological, syntactic and/or semantic rules to the analysis of a source-language text and synthesis of a target-language text, requiring linguistic knowledge of *both* the source and the target languages as well as the differences between them.

규칙기반 기계번역은 번역의 대상이 되는 두 언어를 어휘, 문법, 의미적 측면에서 분석하여 두 언어의 공통점과 차이점을 바탕으로 번역하는 것이다. 따라서 언어 규칙의 유사성이 높을수록 번역의 정확성은 높아질 것이다. 반대로 두 언어의 규칙이 차이가 클수록 번역의 정확성에 문제가 생기는 것이 규칙기반 기계번역의 한계점이다(Bostrom et al, 2017: 35).

> In the early days of AI, linguists built translation systems based on bilingual dictionaries and codified grammar rules. But these fell short because such rules are inflexible. For example, adjectives come after the noun in French and before the noun in English.

두 번째 단계인 1990년대부터 시작된 통계기반 기계번역(SMT: Statistical Machine Translation)에서는 언어의 말뭉치(corpus)가 외국어

번역에 활용되기 시작한다. 통계기반 기계번역은 코퍼스기반 기계번역(Corpus-Based Machine Translation)이라고도 한다(김영희, 2021). 말뭉치는 개별 단어들이 만나서 이루어지는 단어의 조합으로 특정 단어의 앞뒤에는 어떤 단어들이 상대적으로 잘 나타나는가를 보여준다. 예를 들어, start the 뒤에 나올 확률이 높은 단어에는 car가 있으며, start from 뒤에 나올 확률이 높은 단어는 scratch이다. 이때, start the car 또는 start from scratch가 말뭉치다. 독일어를 영어로 옮기는 과정에서 통계가 적용되는 간단한 예를 살펴보면 다음과 같다.

  독일어 원문: Ich mag Fußball.
      I like soccer.
  영문 최종 번역: I like soccer.

독일어는 영어와 어순 및 어휘의 공통점이 많아서 번역이 상대적으로 용이하다. 위의 독일어 문장은 영어 문장과 단어가 1대1로 대응하기 때문에 간단히 번역이 가능하다. 그러나 부정문의 경우에는 문법적 조정이 필요하다.

  독일어 원문: Ich mag nicht Fußball.
      I like not soccer.
  영문 최종 번역: I don't like soccer.

독일어 부정문에서는 본동사 바로 뒤에 영어의 not에 해당하는 부정어구 nicht를 붙이기 때문에 이 규칙을 그대로 적용하면 I like not soccer와 같은 비문법적인 문장이 나온다. 이와 같은 비문법적인 문장이 나오는 것을 막는 방법 중의 하나가 통계적 접근법이다. 즉 조동사나 be 동사와는 달리, 일반동사 like 바로 뒤에는 not이 나올 확률이 거의 없기 때문에 중간 단계의 비문법적인 문장을 영어 어순에 맞게 정리해준다. 기계번역에 말뭉치와 통계가 활용되면서 번역기에 큰 발전이 이루어졌다(Akbari, 2014). 번역기는 이후 발전을 지속하여 2000년대 이후에는 외국어 학습에서 본격적으로 사용되기 시작했다.

세 번째 단계인 2010년대부터 시작된 인공신경망기반 기계번역(NMT: Neural Machine Translation)에서는 번역기의 성능이 더욱 높아졌다. 2011년에는 영어와 중국어의 실시간 통역에 성공했으며, 알파고의 등장으로 인공지능이 대중에게 본격적으로 알려지기 시작한 2016년에는 구글 번역(Google Translate)이 인공신경망기반으로 100개 국어 이상의 번역을 가능하게 했다. 같은 해 네이버는 또 다른 인공신경망기반의 번역기인 파파고(Papago)를 출시했다.

인공신경망기반 기계번역은 알파고의 핵심 기술인 심층신경망(DNN: Deep Neural Network)을 사용하여 원천어와 목표어의 언어적 관계를 인공신경망으로 학습하는 것이다. 기존의 통계기반 기계번역보다 진일보한 점은 언어 데이터의 축적에만 그치지 않고 해당 언어의 화자들이 실제 말하는 방식을 학습했다는 점이다(Bostrom et al, 2017).

2022년 현재, 매우 다양한 분야에서 인공신경망 기반 기계번역이 활용되고 있으며, 번역기의 성능은 인공지능의 발전과 함께 더욱 우수해질 것이다. 2016년 등장한 알파고가 현재에는 다양한 버전으로 발전되어 더욱 놀라운 바둑 실력을 과시하고 있듯이, 번역기도 꾸준한 발전을 보이고 있다.

4. 영어교육에서 번역기의 효과

번역기가 외국어 학습에 보조 도구로서의 사용 가능성이 나타나기 시작한 것은 2010년도부터라고 한다(김인옥, 2020). 지난 10여 년간 번역기는 빠른 속도로 발전하여 이제는 다양한 분야에서 외국어 학습에 도움을 주고 있다. 여기에서는 영어교육과 관련된 번역기의 효과에 대해 살펴보자.

첫째, 번역기는 영어 어휘와 문법 실력의 향상에 도움을 준다. 학습자의 어휘와 문법에 도움이 되는 번역기의 효과는 관련 문헌에서도 잘 나타나고 있다(김인옥, 2020; 이상민, 2019; Garcia & Pena, 2011; Groves & Mundt, 2015; Karoly, 2014; O'Neill, 2016).

둘째, 번역기는 영어 학습자의 작문 실력 향상에 도움을 준다. 즉, 학습자들이 번역기를 활용해서 제2외국어의 작문과 수정을 하게 되면, 어휘, 문법, 철자 등의 오류에서 좀 더 자유로워져서 글의 내용과 및 글의 조직과 같은 작문의 다른 영역에 더 초점을 맞출 수 있기 때문에 작문 능력이 향상될 수 있다(Groves & Mundt, 2015). 예를 들어, "그들은 자연을 사랑한다"와 같은 문장을 영작할 때 '자연'이 'nature'인지 아니면 'the nature'인지 고민할 필요가 없어지므로, 자신이 쓰는 글의 내용에 더 집중할 수 있을 것이다.

지금까지 번역기의 영어 학습 효과에 대한 연구는 주로 긍정적인 결과를 많이 보였다. 특히, 초·중급 학습자들에게 효과가 더 있었으며(Garcia & Pena, 2011; O'Neill, 2016), 김인옥(2020)은 우리나라 초등학교 6학년 학생들을 대상으로 한 실험에서 번역기의 사용이 학생들의 영어 단어와 철자 학습에 도움이 된다고 밝혔다.

5. 번역기의 활용 전망

앞서 살펴본 것처럼 번역기는 영어 학습자들에게 다양한 학습 효과를 주는 것이 분명하다. 특히, 영어 작문에 있어서 단어와 문법에 보다 자신 있게 대처할 수 있기 때문에 글의 내용에 치중할 수 있게 해주는 것은 번역기의 대표적인 장점이다. 또한 번역기는 사실적 의미의 문장을 번역하는 데 있어서 이미 인간 번역가의 능력을 넘어섰다고 할 수 있다. 특히 번역의 속도에 있어서는 약 5,000단어를 한 번에 번역한다는 점에서(Bostrom, et al, 2017) 인간과는 비교할 수 없는 대상이 되었다. 이는 알파고가 순식간에 수천 가지의 수를 생각하는 것과도 같다.

알파고는 2016년 이세돌 9단과의 대결로 혜성처럼 등장하여 바둑계에 지대한 영향을 끼치고 있다. 알파고와 바둑의 관계처럼 번역기와 영어교육의 관계도 결코 피할 수 없는 현재이자 미래임이 분명하다. 일례로 97% 이상의 대학생이 번역기를 활용하고 있다는 이상민(2019)의 연구 결과를 들 수 있다. 심창용과 이재희(2018)는 번역기의 사용은 '의사소통 능력의 신장'이라는 영어교육의 궁극적인 목표에도 변화를 가져올 것이라고 주장한다. 아직까지는 번역기가 완벽하지 않기 때문에 번역 결과물을 그대로 사용하지 않고 자신의 분야에 맞게 수정할 수 있는 능력이 중요하다는 점을 강조한다.

번역기의 활용 전망은 크게 네 가지로 나누어 볼 수 있다. 첫째, 영어교육에서 기초적 대인간 의사소통능력(BICS: Basic Interpersonal Communication Skills)이라고 부르는 일상적인 대화에 자주 사용되는 표현과 문장에서는 번역기의 정확성이 더욱 발전되어 거의 완벽한 통역의 역할을 할 수 있을 것이다. 영어와 한국어뿐만 아니라, 다양한 언어에서 일상생활의 의사소통이 용이해지며 문자는 물론 음성으로의 대화도 지금보다 훨씬 더 정확하게 될 것이다.

둘째, 영어교육에서 인지적/학술적 언어능력(CALP: Cognitive/Academic Language Proficiency)으로 부르는(Cummins, 1979) 사회의 각 전문 분야에 있어서도 번역기의 역할은 계속 커지겠지만, 각 분야의 특수성과 전문성을 감안한다면 번역의 결과물은 당분간 인간의 최종적인 검토가 있어야 할 것으로 보인다. 자동번역에 의존하지 않고 최종 결과물을 검토하는 과정을 후처리(PE: Post Editing)라고 부르는데(이상빈, 2020), 전문번역가들이 아직까지 필요한 이유이기도 하다.

셋째, 문학작품의 번역에 있어서는 전문 번역가의 비중이 더욱더 클 것이다. 언어학자 크리스털이 "번역가는 영원히 풀리지 않는 문제를 대하고 있다"라고 언급한 이유는 무엇보다 문학작품 때문이 아닐까? 문학작품 중에는 소설, 수필과 같은 산문도 난해하지만 운율과 시적 허용까지 포함된 운문의 번역은 정말 어려워 보인다. 이에 대해 김영희(2021: 17)는 다음과 같이 언급한다.

> 일상언어, 과학보고서, 행정보고서와 같이 표준화된 글이 아닌 문학번역의 경우, 기계번역은 당분간 인간번역의 보조수단으로써 사용될 것이라는 전망을 조심스럽게 해본다.

넷째, 번역기의 발전과 영어교육의 관계다. 번역기는 앞으로 더욱더 영어교육에서의 활용도가 높아갈 것으로 전망된다. 이상민(2019: 220)이 언급한 것처럼 "번역기를 L2 학습을 촉진시킬 수 있는 하나의 도구로 여기고, 효과적으로 활용할 수 있는 방안을 마련하는 것이 시급하다." 또한 번역기가 발전함에 따라 음성인식의 정확도가 향상되면 영어교육의 일반적인 학습목표인 일상생활에 관한 대화문은 문자뿐만 아니라 음성으로도 정확하고 효율적으로 학습 가능하게 될 것이다.

Review

다음 용어를 간단히 설명하시오.

- [ ] **ambiguity**
- [ ] **BICS**
- [ ] **CALP**
- [ ] **corpus**
- [ ] **machine translation**
- [ ] **neural machine translation**
- [ ] **poetic license**
- [ ] **rule-based machine translation**
- [ ] **source language / target language**
- [ ] **statistical machine translation**

4
단어 이야기

**Without grammar very little can be conveyed;
without vocabulary nothing can be conveyed.**

− Wilkins(1972)

위 문장은 의사소통에 있어 어휘의 절대적인 중요성을 보여주는 대표적인 문장입니다. 문법도 중요하지만 어휘 없이는 의사소통이 전혀 이루어질 수 없음을 의미합니다.

제4장에서는 다음과 같은 순서로 '단어'에 대해 이야기해 보고자 합니다.

1. 형태론의 정의
2. 단어에 대한 지식
3. 단어의 구조
4. 단어 형성법
5. 어휘적 중의성

1. 형태론의 정의

형태론(morphology)은 그리스어로 '형태'를 의미하는 morphē와 '학문'을 의미하는 logy가 합해진 것으로서, 단어의 형태를 연구하는 언어학의 한 분야를 의미한다. 형태론의 연구 대상을 보다 자세히 살펴보면 다음과 같다(O'Grady & Dobrovolsky, 1992: 115).

> The system of categories and rules involved in word formation and interpretation is called morphology.

위의 정의에 의하면 형태론의 주요 연구 대상은 단어를 형성과 의미이다. 먼저 단어를 형성하는 방식에 대해서 알아보자. 예를 들어, 동사 play의 형태는 다음과 같이 다양하게 바뀐다.

① He plays soccer.
② He played soccer.
③ He is playing soccer.

    문장 ①, ②, ③에서 볼 수 있는 play의 다양한 형태(plays, played, playing)를 아는 것은 정확한 영어를 구사하기 위해서 필수적인 지식이다. 형태론에서는 이와 같이 단어가 상황에 맞게 변화하는 방식을 연구한다.
    형태론의 또 다른 주요 연구 대상은 단어의 의미이다. 단어의 의미를 정확하게 파악하기 위해서는 단어를 의미 단위로 나누는 것이 필요하다. 예를 들어, teacher는 다음과 같은 의미 단위로 나눌 수 있다.

teacher = {teach} + {er}

    단어의 의미를 알기 때문에 영어 화자들은 teacher를 위와 같이 나눌 수 있다. (이 책에서는 단어를 구성하는 의미 단위를 표시할 때 { }를 사용한다.) 이처럼 주어진 단어를 의미의 단위로 분리(segmentation)할 수 있는 것은 영어 단어에 대한 지식 중에서 큰 비중을 차지한다.

형태소

    앞서 언급한 '의미를 가진 최소 단위'를 형태소(形態素, morpheme)라고 한다. 다음에서 보는 바와 같이, 영어 단어 중에는 하나의 형태소로 이루어진 것, 두 개 이상의 형태소로 이루어진 것 등 다양한 종류가 있다.

① 한 개의 형태소로 이루어진 단어: teach = {teach}

② 두 개의 형태소로 이루어진 단어: teacher = {teach} + {er}
③ 세 개의 형태소로 이루어진 단어: teachers = {teach} + {er} + {s}

①의 teach는 '가르치다'라는 하나의 형태소만 있는 단어이며 의미의 단위로는 더 이상 나눌 수 없다. ②의 teacher는 {teach}에 '~하는 사람'이라는 의미의 형태소 {er}가 추가되어 있으며, ③의 teachers에는 {teacher}에 '~들'이라는 의미의 형태소 {s}가 추가되어 있다.

영어에는 4개 이상의 형태소로 구성된 단어도 많으며, 다음 단어는 많은 형태소로 구성된 단어의 예로 자주 언급된다. 어떤 의미일까?

antidisestablishmentarianism

이 단어의 의미는 '국교 폐지 조례 반대론'이다. 이 의미를 정확하게 이해하기 위해서는 다음과 같이 형태소로 구분하는 것이 도움이 된다.

antidisestablishmentarianism =
anti + dis + establish + ment + arian + ism

형태소 {establish}는 '국교로 정하다'라는 의미가 있으며, {dis}는 국교를 '폐지'한다는 의미이고, {anti}는 '반대'의 의미이다. 또한 {ment}, {arian}, {ism}은 접미사로서 의미와 품사 변환의 역할을 하고 있다. 전체 6개 형태소의 의미를 조합하면 단어 전체의 의미인 '국교 폐지 조례 반대론'을 이해하는 데 도움이 된다.

인간이 언어를 이해하는 방식과 유사한 방식으로, 컴퓨터가 언어를 이해하기 위해서는 형태소에 대한 이해가 필수적이다. 컴퓨터가 단어의 구조를 알아야 단어의 의미를 정확히 파악하는 데 도움이 되고, 단어들을 문장에서 문법적으로 올바르게 사용할 수 있기 때문이다. 예를 들어, 형태소에 대한 지식은 다음과 같이 {er}로 끝나는 단어들의 구조적 차이를 인식하는 것을 포함한다.

① singer = {sing} + {er}
② finger = {finger}
③ taller = {tall} + {er}

①의 singer는 {sing}과 {er}로 나눌 수 있는 반면에, ②의 finger는 하나의 형태소로 구성된 단어이기 때문에 {fing}과 {er}로 나눌 수 없다. 또한 ③의 taller는 {tall}과 {er}로 나눌 수 있지만, singer의 {er}와 taller의 {er}는 의미가 다르다.

컴퓨터의 자연어처리(NLP: Natural Language Processing)에 있어 형태소에 대한 지식의 중요성에 대해 Fromkin et al(2011: 397)은 heaten을 예로 들어 설명하고 있다. 영어 화자들은 heaten이 영어에 없는 무의미 단어임에도 불구하고, deepen과 같은 단어들을 통해 heaten의 의미를 유추할 수 있다. 영어 화자들이 deepen의 구조를 이해하는 것과 마찬가지로, 컴퓨터도 deepen을 하나의 단어보다는 형태소 {deep}과 {en}으로 나누어 볼 수 있다면 처음 보는 heaten의 의미도 {heat}과 {en}으로 나누어 유추할 수 있을 것이다.

2. 단어에 대한 지식

'단어를 안다'는 것에 포함되는 내용은 무엇일까? 단어 elephant와 pterodactyl을 비교해 보자. 영어를 아는 거의 모든 사람은 elephant의 뜻이 '코끼리'임을 알고 철자와 발음도 알지만, pterodactyl이 '익룡'이라는 뜻을 아는 사람은 적을 것이고 이 단어의 철자와 발음도 까다롭다. 그런데 elephant나 pterodactyl에는 한 가지 뜻밖에 없지만 영어 단어 중에는 뜻이 여러 가지 있는 것이 매우 많다.

예를 들어, bear를 안다는 것에는 어디까지의 의미를 아는 것일까? bear는 명사로는 '곰'이라는 의미이며, 동사로는 '참다', '아이를 낳다'와 같은 다양한 의미가 있다. 또한 bank에는 '은행'이라는 의미 이외에 '둑', '판돈'이라는 의미도 있다. bear와 bank처럼 뜻이 여러 가지 있는 단어들을 다의어(polyseme)라고 한다. 이처럼 단어를 안다는 것은 알고 모르고의 이분법적 문제라기보다는 어느 정도 아느냐, 즉 정도의 문제라고 할 수 있다. 따라서 pterodactyl이라는 단어를 아는지를 묻는 것은 적절한 질문이 되겠지만, bear라는 단어를 아는지를 묻는 것은 애매한 질문이다.

단어에 대한 지식에는 적어도 다음 네 가지가 포함된다.

① 의미
② 발음
③ 철자
④ 품사

첫째, 단어를 안다는 것은 의미를 안다는 것이 가장 큰 비중을 차지한다.

앞서 언급한 것처럼 pterodactyl을 안다는 것은 이 단어의 뜻이 '익룡'임을 아는 게 가장 중요하다. 언어를 이해하는 것은 형태(form)를 의미(meaning)로 전환하는 것이다. 단어의 형태는 음성언어에서는 발음, 문자언어에서는 철자로 나타나는데, 언어의 특징 중의 하나가 형태와 의미 사이의 자의성(arbitrariness)에 있다. 즉 발음 및 철자는 의미와 아무런 체계적인 관련성이 없다는 것이다. 예를 들어, 다음에 보이는 것은 언어마다 지칭하는 단어가 다르다.

한국어로는 '연필'이라고 부르지만, 영어로는 pencil, 일본어로는 えんぴつ(엔삐츠), 독일어로는 Bleistift(블라이슈티프트)라고 한다. 모국어 습득 과정과는 달리, 외국어 학습의 경우에는 각 단어를 암기하는 것밖에 방법이 없다. 외국어 공부에 있어서 "아는 것이 힘"이라는 말이 가장 잘 적용되는 게 바로 단어 암기이다.

둘째, 단어를 안다는 것에는 발음이 포함된다. 영어 단어의 경우, 한국인 학습자에게는 까다로운 발음이 매우 많다. 예를 들어, lake와 rake에서 볼 수 있는 ⟨l⟩과 ⟨r⟩의 차이는 문자언어로는 아무 문제가 없지만, 발음상으로는 많은 문제를 일으킬 수 있다. 실제로 /l/과 /r/을 구별 못 하는 영어 학습자들에 관한 일화는 매우 많다. (이 책에서 철자는 ⟨ ⟩ 안에, 발음은 // 안에 표기한다.) 예를 들어, /l/ 발음을 제대로 하지 못하는 사람은 헤어지면서 So long 대신에 So wrong이라고 말할 수도 있다(Prator & Robinett, 1985). 마찬가지로 leave와 live에서 볼 수 있는 것과 같은 모음의 차이도 학습자들에게는 어렵다. Don't leave!라는 의도로 말했는데 상대방에게

Don't live!로 들린다면 큰 문제가 될 것이다.

또한 영어 단어에서는 강세가 중요한 역할을 하며 동일한 철자라고 해도 강세에 따라 의미가 달라지는 경우도 있다. 예를 들어, object는 강세를 제1음절에 두면 '사물'이라는 의미지만, 강세를 제2음절에 두면 '반대하다'라는 의미이다. 이처럼 영어 단어에 대한 지식에는 발음이 아주 중요한 비중을 차지한다.

셋째, 단어에 대한 지식에는 철자에 대한 지식도 포함된다. 한글은 철자와 발음의 관계가 규칙적인 것에 비해, 영어에서는 철자와 발음의 관계가 상당히 불규칙적이다. 영어 단어의 철자와 발음 간의 불규칙성은 대표적으로 묵음(silent letter)을 포함하는 단어에서 주로 볼 수 있다. 다음 단어에서 밑줄 친 철자는 발음되지 않는다.

  sa*y*s
  *s*word

철자 ⟨y⟩가 say에서는 발음되지만 says에서는 발음되지 않는다. 마찬가지로 ⟨w⟩가 word에서는 발음되지만 sword에서는 발음되지 않는다. 그런데 한국인 영어 학습자는 이 ⟨y⟩와 ⟨w⟩를 발음하는 실수를 종종 범한다. 또한 다음 단어들을 보면 철자 ⟨c⟩가 매우 다양하게 발음되는 것을 알 수 있다.

  ① candy = /k/
  ② center = /s/
  ③ cello = /tʃ/

4 — 단어 이야기   77

④ indict = 묵음

①, ②, ③에서처럼 〈c〉는 단어에 따라 다양하게 발음되며, ④에서처럼 발음이 되지 않는 경우도 있다. 이처럼 영어에서 철자와 발음의 관계는 불규칙적이며 정확한 철자를 아는 것이 영어 단어에 대한 지식의 중요한 일부가 된다. 이는 철자와 발음의 관계를 규칙으로 설명하는 파닉스(phonics)가 어린이 영어 학습에서 큰 비중을 차지하는 것을 보아도 알 수 있다.

넷째, 영어 단어에 대한 지식에는 품사에 대한 지식도 포함된다. 영어의 품사(parts of speech)는 다음과 같이 내용어(content word)와 기능어(function words)로 나눌 수 있다.

내용어: 명사, 동사, 형용사, 부사
기능어: 관사, 대명사, 조동사, 전치사, 접속사

내용어 중에서도 명사와 동사는 문장을 구성하는 핵심 품사이다. 예를 들어, Birds fly와 같은 문장은 명사와 동사만으로 이루어져 있다. 또한 하나의 단어가 명사와 동사로 쓰이는 것도 자주 볼 수 있다. Book은 '책'이라는 명사로서의 의미가 기본적이지만, 문장에 따라서는 '예약하다'라는 의미의 동사가 된다. Book 이외에도 name과 play처럼 일반적인 단어일수록 명사와 동사로 품사가 전환(conversion)되는 경우가 많다.

위의 분류에서 볼 수 있듯이, 내용어는 문장의 의미 전달에 중요한 역할을 하는 반면에, 기능어는 문법과 관련이 깊다. 내용어는 무한히 많은 단어로 구성되어 있는 것에 비해, 기능어는 종류는 적지만 자주 사용되는 것이 특징이다. 예를 들어, 기능어의 대표라고 할 수 있는 the는 영어 단어 중에서 가장 많이 쓰이는 단어이다.

정관사 the는 한국인이 영작문을 할 때 자주 틀리는 품사다. 한국어에는 정관사가 없기 때문에, 어느 명사 앞에 정관사를 써야 할지 생략해야 할지 선택하기 어렵다. 한영사전은 영작문에 있어 어떤 명사를 선택할 것인가에 대해서만 도움을 줄 수 있지만, 번역기는 명사 선택뿐만 아니라 정관사 사용 여부에 대한 어려움도 간단히 해결해준다. 번역기의 결과물은 정관사 사용의 여부를 명사의 종류별로, 문장의 상황별로 거의 틀림없이 보여준다. 이는 번역기의 분명한 장점이다.

영어는 정관사에 the 하나밖에 없다. 그런데 독일어에는 der, des, dem, den 등과 같이 정관사가 매우 다양하여, 남성, 여성, 중성 등 명사의 성(gender)에 따라 다르기도 하고, 주격, 목적격, 소유격 등 격(case)에 따라서도 달라진다. 한국인이 독일어 작문을 할 때는 정관사 선택의 어려움이 영어 작문에 비할 바가 아니다. 그러나 독일어 작문의 경우에도 번역기는 매우 다양하게 변하는 정관사의 종류를 정확하게 보여준다. 예를 들어, 다음과 같은 영어 문장을 독일어로 번역하는 경우, 영어의 정관사 the가 독일어에서는 der, denn, dem과 같이 세 가지로 바뀌는데 이 중 적합한 정관사를 선택하는 것이 학습자에게는 어렵겠지만 번역기에게는 매우 간단한 것이다(Denham & Lobeck, 2013: 165).

> The man gave the bone to the dog.
> ⋯▸
> Der Mann gibt denn Knochen dem Hund.

정관사 이외에도 전치사, 대명사 등의 기능어는 영어 전체의 텍스트에서

출현 빈도가 높을 뿐만 아니라, 영어 문장을 작문할 때 문법적으로 중요한 역할을 한다.

반면에 명사와 동사 등 내용어는 문장에서 문법적 역할보다는 의미 전달에 중요한 역할을 하며, 규칙으로 학습하는 것이 아니라 암기가 필요한 품사들이다. 이처럼 영어 단어 중에서 내용어와 기능어는 성격이 매우 다르며, 그 차이를 아는 것 또한 영어 단어에 대한 지식의 중요한 일부분이다.

3. 단어의 구조

어근과 접사

형태소가 두 개 이상인 단어는 어근(root)과 접사(affix)로 구성된다. 예를 들어 boys는 어근 {boy}와 접사 {s}로 구성되어 있다. 어근은 단어 의미를 결정하는 핵심적인 역할을 하며 접사는 단어의 의미에 보조적인 역할을 한다. 영어 단어는 어근을 중심으로 접사가 첨가되어 구성되는데, 접사가 어근 앞에 첨가되면 접두사(prefix), 어근 뒤에 첨가되면 접미사(suffix)라고 부른다. 예를 들어, boys는 어근 {boy}와 접미사 {s}, undo는 접두사 {un}과 어근 {do}로 구성된 단어이다.

Boys의 어근 {boy}, undo의 어근 {do}는 독립적인 단어로 쓰일 수 있기 때문에 자유형태소(free morpheme)라고 부른다. 반면에 boy의 접미사 {s}, undo의 접두사 {un}은 홀로 단어가 되지 못하고 반드시 어근과 결합해야 하기 때문에 의존형태소(bound morpheme)라고 부른다.

어근과 접사가 결합하여 단어를 이룰 때, 어근과 접사의 형태가 그대로 유지되는 단어와 그렇지 않은 단어가 있다. 어근과 접사의 결합 방식은 다음과 같이 세 가지로 나눌 수 있다.

① 어근의 형태 유지: working, playing, kicking
② 어근의 모음 생략: skating, dining, coming
③ 어근의 자음 추가: planning, jogging, adding

첫째, ①에서 보는 바와 같이 어근의 형태를 그대로 유지하며 접미사와 결합하는 단어들이 있다. 예를 들어, working은 {work}와 {ing}로 나누어지며 어근의 형태를 그대로 유지한다. 둘째, ②의 skating에서처럼 어근의 철자 ⟨e⟩가 생략되고 나서 접미사 {ing}과 결합하는 단어들이 있다. 셋째, ③에서와 같이 어근의 마지막 자음이 추가되는 단어들도 있다. 예를 들어, planning을 보면 어근의 자음 ⟨n⟩이 추가되었는데 이는 단어의 발음을 감안한 철자의 변화다. 가령 plan에 ⟨n⟩을 추가하지 않고 접미사 {ing}을 붙이면, planing이 되어 철자 ⟨a⟩가 /ey/처럼 발음될 수 있기 때문이다.

위계적 구조

단어에 형태소가 세 개 이상 있을 때는 형태소 간의 결합 순서가 정해져 있으며, 이와 같은 구조를 위계적 구조(hierarchical structure)라고 한다. 위계적 구조에 대해 Denham과 Lobeck(2013: 158)은 다음과 같이 정의한다.

"hierarchical word structure": property of words whereby one morpheme is contained inside another

예를 들어, undrinkable은 어근 {drink}와 접미사 {able}이 먼저 결합하여 drinkable이 된 후, 접두사 {un}이 앞에 붙는 다음과 같은 방식으로 구성되어 있다. 즉 drinkable 안에 drink와 able이 포함되어 위계적 구조를 이루고 있다.

[un] + [drink + able]

다음과 같은 반대의 순서는 undrink라는 단어가 없기 때문에 성립되지 않는다. (단어 앞의 *는 철자가 틀렸거나 없는 단어임을 의미한다.)

*[un + drink] + [able]

단어가 위계적인 구조를 이루고 있다는 것은 unlockable과 같은 단어를 보면 더욱 잘 나타난다. 이 단어에는 두 가지 뜻이 있으며, 이는 각각 다음과 같이 위계적 구조의 차이로 나타낼 수 있다(Denham & Lobeck, 2013: 159).

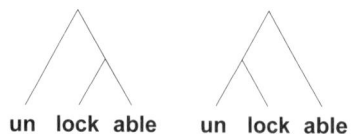

un lock able   un lock able

첫 번째 구조는 {lock}과 {able}이 먼저 결합하고 뒤에 {un}이 추가되었기 때문에 '잠글 수 없다'는 의미인 반면에, 두 번째 구조는 {un}과 {lock}이 먼저 결합하고 이후에 {able}이 추가되었기 때문에 '풀 수 없다'는 의미가 된다. 세 번째로 생각해 볼 수 있는 [un] + [lock] + [able]과 같이 결합하는 것은 평면적 구조(linear structure)라고 하는데, 이는 unlockable의 어떠한 의미와도 연결되지 않는다. 자연어의 대표적인 특징은 위계적 구조에 있다.

영어 단어뿐만 아니라, 음절 및 문장에서도 이러한 위계적 구조를 볼 수 있다. 예를 들어, 음절 /kæt/은 다음 ②와 같이 /æ/와 /t/가 먼저 결합하여 각운(rhyme)을 구성하고, /k/가 각운과 결합한다. 문장의 구조 또한 위계적이다. ③에서와 같이 They like soccer는 동사 like가 목적어인 soccer와 먼저 결합하여, 동사구(verb phrase)를 구성한 이후 동사구가 주어 They와 결합한다.

① 단어의 위계적 구조: undrinkable = [un] + [drink + able]
② 음절의 위계적 구조: cat = [k] + [æ + t]
③ 문장의 위계적 구조: They like soccer = [They] + [like + soccer]

이처럼 영어의 단어, 음절, 문장은 모두 위계적 구조를 이루고 있다.

파생과 굴절

파생(derivation)과 굴절(inflection)은 어근에 접사가 추가되어 새로운 단어가 만들어지는 공통점이 있지만 중요한 차이점이 있다. 다음 단어들에서 볼 수 있듯이, 파생은 접미사가 추가되며 품사의 변화를 가져온다.

teacher, kindly, deepen

첫 번째 단어인 teacher는 동사 teach 뒤에 파생접미사(derivational suffix)인 {er}가 붙어서 명사로 바뀐 것이다. 또한 kindly는 {ly}에 의해서 형용사 kind가 부사로 바뀐 것이며, deepen은 {en}에 의해 형용사 deep이 동사로 바뀐 것이다.

다음 단어들에서 보는 바와 같이, 접두사는 품사의 변화를 가져오지는 않지만 의미에는 큰 변화를 가져온다.

　　impossible, review, undo,

Impossible은 형용사 possible에 부정의 의미를 가진 접두사 {im}을 붙여서 '불가능한'이라는 의미의 형용사가 된다. 마찬가지로 review와 undo의 접두사 {re}와 {un}도 어근의 의미에 중요한 변화를 가져온다.

반면에 굴절(inflection)은 의미에 큰 변화를 가져오지 않으며 시제 및 단복수 등 문법적인 조건에 따라 단어의 형태에만 변화가 오는 것이다. 영어에는 다음과 같은 8종류의 굴절접미사(inflectional suffix)가 있다.

　　① 3인칭 단수 현재 접미사 {-s}
　　② 진행형 접미사 {-ing}
　　③ 과거형 접미사 {-ed}
　　④ 과거분사형 접미사 {-ed}
　　⑤ 복수형 접미사 {-s}
　　⑥ 소유격 접미사 {-'s}
　　⑦ 비교급 접미사 {-er}
　　⑧ 최상급 접미사 {-est}

①~④는 동사의 접미사이다. 예를 들어, 동사 play는 주어가 3인칭 단수이고 시제가 현재면 plays, 진행형이면 playing, 과거 또는 과거 분사이

면 played로 바뀐다. ⑤와 ⑥은 명사의 접미사이고, ⑦과 ⑧은 형용사의 접미사이다. 굴절접미사는 원래 단어의 의미에 큰 변화를 가져오지 않고 문법적 기능을 위주로 변화하기 때문에, 어휘와 문법의 중간적인 영역이라고 할 수 있다.

4. 단어 형성법

앞서 '단어의 구조'에서 언급한 대부분의 단어는 boys, played처럼 어근과 접사가 합해져서 이루어지는 것이었다. 여기에서는 '어근+접사'라는 일반적인 방식을 제외한 단어 형성법에 대해서 살펴보자.

복합어

복합어(compound)는 두 개 이상의 어근으로 구성된 단어를 말한다. 다음 ①의 schools는 어근 {school}에 접미사 {s}가 합해진 것이어서 복합어가 아니고, classes도 어근 {class}에 접미사 {es}가 합해진 것이어서 복합어가 아니다. 그러나 ②의 schoolboy는 어근 {school}과 또 다른 어근 {boy}가 합해진 복합어이고, classroom은 어근 {class}와 또 다른 어근 {room}이 합해서 이루어진 복합어이다.

① schools, classes
② schoolboy, classroom

영어의 복합어는 대부분 명사와 명사가 결합한 복합명사로서 앞 단어에 강세를 두어 발음하는 것이 일반적이다. 또한 다음에서 볼 수 있듯이, 복합명사를 '형용사 + 명사'로 이루어진 어구와 철자, 의미, 발음상으로 구별하는 것이 중요하다.

복합명사	blackbird (찌르레기)	greenhouse (온실)	White House (백악관)
형용사 + 명사	black bird (검은 새)	green house (녹색 집)	white house (흰 집)

영어의 복합명사는 거의 대부분 2개의 어근으로 구성되어 있지만 다음과 같이 3개의 어근으로 구성된 것도 있다(Fromkin et al, 2011).

    lighthouse keeping

이 복합명사는 '등대 지키기'라는 의미로서 light를 house보다 강하게 발음한다. 그러나 이와 정반대로 house를 더 강하게 발음하면 light housekeeping의 의미로 '가벼운 집안일'처럼 들리게 된다. 이처럼 복합명사는 강세의 위치가 달라지면 전혀 다른 의미로 들릴 수도 있다.
  영어는 독일어에 비하면 복합명사를 많이 사용하는 편은 아니다. 독일어에서는 어근이 세 개 이상으로 이루어진 단어들도 많이 있으며, 거의 문장으로 표현해야 할 만한 개념을 하나의 복합어로 압축하기도 한다. 다음은 4개의 어근으로 이루어진 독일어의 복합명사다.

    Sonntagnachmittagsfamilienspaziergang

위와 같이 다수의 어근으로 이루어진 복합명사들은 번역기의 도움 없이 독일어 사전만으로 의미를 알아내기가 매우 어려웠다. 독일어 사전에 모든 복합어가 다 수록되어 있지 않아서 구성성분으로 나누어 의미를 파악하려고 해도 어디에서 어디까지가 의미단위인지 알 수가 없기 때문이다. 그런데 '독일어⋯영어'의 자동번역을 활용하면 Sunday afternoon family walking(일요일 오후 가족 산책)과 같이 의미를 파악하기 쉽게 번역이 되어 나온다.

보충법

대부분의 단어 형성 과정에 있어서 기본형과 변화형은 발음이 매우 유사하다. 예를 들어, play-played-played에서 볼 수 있듯이, 동사의 과거형과 과거분사형은 현재형에 {ed}를 붙이는 것이 일반적이다. 즉 played와 같은 규칙 과거형은 어근 {play}에 접미사 {ed}를 붙여서 형성된다.

이러한 일반적인 단어 형성법과는 달리, go-went-gone처럼 기본형과 변화형 사이의 발음상의 차이가 매우 큰 경우가 있는데 이와 같은 단어 형성법을 보충법(suppletion)이라고 한다. 동사 go와 went는 아예 어원이 다른 두 단어가 현재와 과거를 담당하고 있는 것처럼 보인다. 사실 went는 wend라는 동사에 바탕을 둔 것이며, go와는 전혀 다른 단어였던 것이었는데 영어의 변화 과정에서 마치 한 단어인 것처럼 굳어진 것이다. 이처럼 보충법은 영어가 변화하는 과정에서 규칙으로 설명되지 않는 단어 형성 과정이다. 다음은 보충법이 적용된 대표적인 단어들이다.

① be - was - were
② good - better - best

③ mouse – mice

①에서 볼 수 있듯이, be 동사는 보충법의 가장 대표적인 예라고 할 수 있다. 다른 동사들과는 달리, 과거형에 was와 were, 현재형에는 am, are, is가 있으며 발음도 서로 매우 다르다. ②는 형용사의 비교급과 최상급에서 볼 수 있는 보충법의 예다. ③은 명사의 복수형에서 볼 수 있는 보충법의 예이며, 흥미로운 것은 mouse의 복수형이 mice 이외에 mouses도 있다는 점이다. mice는 '쥐'의 복수형이고, 'mouses'는 컴퓨터에서 쓰는 '마우스'의 복수형이다.

전환

일반적으로 품사가 바뀌는 과정에서 접미사가 추가된다. 다음을 보면 동사화 접미사의 종류가 매우 다양함을 알 수 있다.

  active ⋯▸ activate
  deep ⋯▸ deepen
  person ⋯▸ personify

전환(conversion)은 명사가 동사로 바뀌어도 접미사가 추가되지 않고 어근에 아무 변화가 없는 것이다. 예를 들어, 밑줄 친 단어들은 일반적으로 명사로 사용되지만, 다음 어구에서는 어형 변화 없이 동사로 사용되고 있다(O'Grady & Dobrovolsky, 1992: 133).

  ink a contract

butter the bread
ship the package
nail the door shut
button the shirt

이처럼 전환에 해당하는 단어들은 철자와 발음은 같아도 품사가 다르기 때문에 해석상의 주의를 요한다.

융합

융합(blend)은 한 단어의 일부가 다른 단어의 일부와 결합하여 새로운 단어를 형성하는 것이다. 융합의 대표적인 예로 brunch를 들 수 있다. 잘 알려져 있듯이, brunch는 breakfast와 lunch의 결합형으로서 '아점'을 의미한다. 아점은 '아침'과 '점심'의 첫음절들을 합해서 만든 것이지만, 영어는 breakfast의 초성 자음 br과 lunch의 각운(rhyme) unch가 결합한 것이다. (각운은 영어의 음절 구조에서 중요한 비중을 차지하는 단위로서 모음과 뒤따르는 자음을 합한 것이다.) 이처럼 영어에서는 단어 간의 융합이 있을 때 각운의 형태를 유지하는 것이 특징이다. 또 다른 융합의 예에서도 각운의 형태를 유지하는 영어의 특징이 잘 나타난다(O'Grady & Dobrovolsky, 1992: 133).

① smog = smoke + fog
② spam = spliced + ham

①의 smog와 ②의 spam을 보아도, 각운의 형태를 유지하며 결합된다는 점에서 brunch와 융합 방식이 동일함을 알 수 있다. 한국어는 음절 전

체 간의 융합이 이루어지는 반면에, 영어는 음절 일부분 간의 융합이 이루어진다는 점이 한국어와 영어 음절의 중요한 차이를 보여준다.

두문자어

두문자어(頭文字語, acronym)는 ROK(Republic of Korea)처럼 하나의 이름을 구성하는 각 단어의 첫 글자를 모아서 단어를 만드는 방법이다. 영어에는 매우 많은 두문자어가 있으며, 하나의 두문자어가 다양한 의미로 사용되기도 한다. 예를 들어 AI는 Artificial Intelligence(인공지능)뿐만 아니라 Avian Influenza(조류독감)의 두문자어이기도 하다.

두문자어는 발음하는 방식에 따라 다음 두 종류로 나눌 수 있다.

① 두문자어의 글자를 하나씩 읽는 방식: ROTC, USA, WHO
② 두문자어의 글자를 단어처럼 읽는 방식: NASA, TOEFL, NATO

새로운 단어가 생겨나는 것처럼, 두문자어도 새롭게 생겨나고 있다. 또한 각 전공분야에 대한 지식은 두문자어를 얼마나 아는지의 정도로도 가늠할 수 있다. 예를 들어, 다음은 영어교육에서 자주 사용되는 두문자어들이다.

ESL, TPR, PPP

위의 두문자어는 각각 '제2언어로서의 영어(ESL: English as a Second Language)', '전신반응교수법(TPR: Total Physical Response)', '제시-연습-발화(PPP: Presentation-Practice-Production)'를 의미한다. 이와 같은 전공

분야의 두문자어는 아직까지는 번역기로는 번역할 수 없는 것이 많아서 인간 전문가의 번역을 필요로 한다.

신조어

신조어(新造語, coinage 또는 neologism)는 고유명사가 일반명사처럼 사용되는 단어 형성법을 말한다. 예를 들어, kleenex는 휴지를 만드는 한 회사의 이름이었는데 지금은 '휴지' 자체로 의미가 확장되었으며, xerox도 원래 회사 이름인데 '복사'를 의미하는 일반명사로 사용된다. 또한 watt, chauvinism, sandwich처럼 사람 이름이 일반명사처럼 바뀐 예도 있다. 최근의 주목할 만한 신조어에는 '10의 100승'이란 의미의 googol이 있다. '천문학적인 숫자'를 의미하는 googol은 최근의 인공지능의 발달과 더불어 자주 사용되는 단어가 되었다.

5. 어휘적 중의성

중의성(重義性, ambiguity)이란 단어나 문장의 해석이 애매한 경우를 통칭하는 용어다. 자연어의 대표적인 특징 중의 하나가 중의성이며, 중의성에는 다양한 종류가 있다. 다음 글에서 강조한 바와 같이 모든 문장의 의미는 끝까지 읽거나 듣기 전까지는 중의성을 갖는다(Carroll, 1986: 163).

It is one measure of our skill at language comprehension that we scarcely notice that virtually all sentences contain some form of ambiguity. Sometimes, a given word may have more than one meaning, a sentence may have more than one surface structure, or be understood pragmatically in more than one way. Even more to the point, *all* sentences are ambiguous until we see or hear the end of them.

어휘적 중의성(lexical ambiguity)이란 단어가 두 가지 이상의 의미로 해석될 수 있는 상황을 뜻한다. 어휘적 중의성을 야기하는 단어들의 의미 관계는 다음과 같이 두 종류로 나눌 수 있다(O'Grady & Dobrovolsky, 1992: 231).

① 다의어: bright, deposit
② 동음이의어: bank, club, pen

다의어(polyseme)는 bright가 '밝은'이라는 의미와 '똑똑한'이라는 의미로 쓰이는 것처럼 두 의미 사이에 연관성이 강한 관계를 의미한다. 다의어 관계는 듣기 시험에서 오답을 유도하는 방법으로 사용되기도 했다. 가령, The sun is shining brightly와 가장 유사한 의미의 문장을 고르는 문제에서 Your son is very bright와 같은 문장이 선택지의 하나로 제시되는 것이다. 이러한 문제는 bright의 다의어로서의 특성을 살려 오답을 유도하는 문제다.

동음이의어(homophone)는 bank가 '은행'이라는 의미와 '둑'이라는 의미로 쓰이는 것처럼 두 의미 간에 연관성이 거의 없는 것을 의미한다. 영어 단어에서 동음이의어 관계는 다의어 관계보다 더 많이 찾을 수 있으며 다음과 같이 철자가 동일한 경우와 철자가 다른 경우로 나눌 수 있다.

① 철자가 같은 동음이의어: fine(좋은) - fine(벌금),
right(오른쪽) - right(권리)
② 철자가 다른 동음이의어: soul(영혼) - sole(유일한),
right(오른쪽) - write(쓰다)

다음과 같은 문장은 동음이의어를 활용하여 문장의 의미에 특별한 효과를 내고 있다.

① Have an ice day.
② Seven days without pizza make one week.

①은 Have a nice day의 의미를 함께 의도한 것이며, ②는 week와 weak의 동음이의어 관계에 따라 문장이 두 가지로 해석된다. ①은 아이스크림, ②는 피자 광고에서 특별한 효과를 의도한 것이라고 볼 수 있다.

앞서 살펴본 다의어와 동음이의어는 그 구분이 뚜렷하지 않은 경우도 있다. 다음의 예를 보면 전치사 by의 의미가 어구에 따라 약간씩 차이가 난다(Denham & Lobeck, 2013: 147).

① by the river
② by myself
③ by Mark Twain
④ by mistake
⑤ by boat

전치사 by는 일반적으로 문법적 역할을 수행하기 때문에 문장에 따른 의미상의 차이가 거의 없다는 점에서 다의어로 분류할 수 있지만, 위 ①~⑤의 어구에서 쓰이는 by의 의미를 고려하면 동음이의어로 분류될 수 있을 정도로 의미상의 차이가 있다.

한국어의 어휘적 중의성

한국어의 어휘적 중의성은 한글에 바탕을 둔 것과 한자에 기인한 것으로 나눌 수 있다. 첫째, 한글에 바탕을 둔 동음이의어의 예는 다음과 같다.

눈: eye, snow
배: stomach, boat
가지: kind, branch, eggplant

'눈'에는 eye와 snow라는 의미가 있다. 마찬가지로 '배'에는 신체의 일부로서의 의미와 교통수단의 의미가 있다. 또한 '가지'에는 '종류', '나뭇가지', 채소 '가지'와 같이 다양한 의미가 있다. 이러한 동음이의어는 문장에 따라 어휘적 중의성을 일으킬 수 있다.

두 번째 종류의 동음이의어는 한자에 바탕을 둔 단어들이다. 다음에 제시한 예에서 볼 수 있듯이, 한자에 바탕을 둔 동음이의어의 종류는 매우 다양하다.

① 지도: 指圖, 指導
② 시장: 市場, 市長
③ 교사: 敎師, 校舍

①의 '지도'에서 첫 번째 한자는 'map'을 의미하며, 두 번째 한자는 'teaching'을 의미한다. ②의 '시장'은 'market', 'mayor'의 의미이다. ③의 교사는 'teacher', 'school building'이라는 의미다. 위에 제시한 각 단어에는 두 가지 의미 외에도 한자에 따라 더욱 다양한 의미로 사용된다. 이와 같은 한국어의 동음이의어는 한영 기계번역에 있어서 어려움을 야기한다.

동음이의어와 기계번역

한국어를 영어로 번역할 때 동음이의어가 일으키는 오류의 예를 두 가지 살펴보자. 첫째, 앞서 언급한 '지도'와 관련된 것이다. '어휘 지도'가 입력되고 의도한 영어 번역은 vocabulary teaching이었지만 번역은 vocabulary map으로 나왔다. 번역기에서 '지도'의 일차적인 번역이 map이었기 때문으로 판단된다.

둘째, 한글에서 띄어쓰기의 중요성을 보여준다. 같은 발음이지만 띄어쓰기 여부에 따라 다음과 같이 번역이 달라진다.

① 역이용 안내
⋯▸ guide for reverse use

② 역 이용 안내
⋯▸ station usage guide

①의 '역이용'처럼 띄어쓰기를 하지 않으면, 지하철에 적힌 문구임에도 불구하고 guide for reverse use와 같은 오역이 발생한다. 반면에 같은 ②의 '역 이용'처럼 띄어쓰기를 하면 정확하게 번역된다.

이러한 동음이의어에 의한 번역 결과의 차이는 번역기에 너무 의존하지 말고 번역 전과 후에 검토를 해야 함을 보여준다. 번역의 입력 언어를 검토하는 것을 전처리(pre-editing) 과정이라 하고, 번역의 결과물을 검토하는 것을 후처리(post-editing) 과정이라고 한다(이상빈, 2020). 한영 기계번역의 경우, 정확한 번역을 위해서는 결과물인 영어의 오역을 살펴보는 후처리 과정도 중요하지만, 한국어의 띄어쓰기 및 압축된 표현들을 살펴보는 전처리 과정도 중요하다.

Review

다음 용어를 간단히 설명하시오.

- ☐ arbitrariness
- ☐ content word / function word
- ☐ coinage
- ☐ derivation / inflection
- ☐ form / meaning
- ☐ lexical ambiguity
- ☐ morpheme
- ☐ natural language processing
- ☐ pre-editing / post-editing
- ☐ prefix / suffix

5
문법 이야기

Colorless green ideas sleep furiously.

− Noam Chomsky

이 문장은 의미는 이상하지만 문법은 지키고 있습니다. 이처럼 문법은 의미로부터 분리할 수 있는 개념이라는 것을 보여주고 있습니다.

제5장에서는 다음과 같은 순서로 '문법'에 대해 이야기해 보고자 합니다.

1. 통사론의 정의
2. 문법적 지식
3. 영어 문장의 구조
4. 구조적 중의성
5. 컴퓨터의 문장구조 분석

1. 통사론의 정의

언어를 구성하는 핵심 요소는 '어휘'와 '문법'이며, 영어를 잘하기 위해서는 영어 어휘뿐만 아니라 영문법도 잘 알아야 한다. 4장에서 살펴본 어휘가 형태론의 주요 연구 대상이었던 반면, 5장의 통사론(syntax)은 문법을 주요 연구 대상으로 한다. 통사론에 대한 정의 중의 하나는 다음과 같다 (O'Grady & Dobrovolsky, 1992: 155).

> Syntax is the study of how words are combined to produce sentences.

위의 정의에 나타난 '단어들이 결합하여 문장을 만드는 방식'이 바로 문법이다. 통사론을 의미하는 syntax의 어원은 그리스어의 syntaxis이며, syntaxis는 다음과 같이 두 개의 형태소로 나눌 수 있다.

syn = together
taxis = ordering

위와 같은 어원 분석에 따르면, 통사론은 '함께 모인 단어들의 순서'에 관한 연구를 의미한다. 통사론은 구문론이라고도 하는데, 한자를 보면 구문론(構文論)은 문장의 구조를 강조하고 있는 것에 비해, 통사론(統辭論)은 구(phrase), 절(clause), 문장(sentence) 등을 포괄적으로 다루고 있지만 거의 같은 의미라고 볼 수 있다. 결국 통사론은 단어들이 결합하여 구, 절, 문장을 이루는 방식, 즉 문장구조(sentence structure)를 주요 연구 대상으로 한다.

2. 문법적 지식

일반적인 의미의 문법과 통사론의 연구 대상으로서의 문법에는 차이가 있다. 일반적 의미의 문법은 각종 시험에서 자주 볼 수 있는 영문법 문제, 대표적으로 수능영어의 어법 문제를 풀 수 있는 능력을 의미한다.

언어학적 맥락에서의 문법은 매우 범위가 넓어서 앞서 언급한 일반적인 의미의 문법뿐만 아니라, 영어 사용자가 영어에 대해 가지고 있는 어휘 및 발음에 관한 직관까지 포함하는 포괄적인 개념이다. 구체적으로 영어에 대한 문법적 지식(grammatical knowledge)은 다음을 포함한다.

① 영어 문장에 대한 문법성 판단
② 영어 단어 여부에 대한 판단

③ 발음상 가능한 영어 단어인지에 대한 판단

문법성 판단(grammaticality judgment) 능력은 영문법에 대한 지식을 측정할 수 있는 대표적인 기준이다. 다음 중에서 비문법적인 문장을 골라보자.

① He found the books.
② He found the books on the desk.
③ He put the books.
④ He put the books on the desk.

③이 비문법적인 문장이다. 그 이유는 동사 put은 목적어만 있어서는 안 되고 목적어와 함께 위치를 의미하는 어구가 같이 나와야 하기 때문이다. 따라서 ③은 비문법적이지만 ④는 문법적이다.

반면에 동사 find는 put과 같은 제약이 없기 때문에 ①과 ② 모두 문법적인 문장이다. 따라서 위 네 문장의 문법성 여부는 동사 find와 put의 속성에 달려 있다고 할 수 있다.

동사의 종류에 상관없이 문법성 여부를 판단할 수 있는 문장도 있다. 다음 두 문장의 문법성을 비교해 보자. (통사론에서는 비문법적인 문장 앞에 *를 붙인다.)

I love baseball.
*She like baseball, too.

두 번째 문장이 비문법적인 이유는 동사의 차이에 의한 것이 아니고 문장의 시제 및 주어의 인칭에 의한 것이다. 문장의 시제가 현재이고 주어가 3인칭 단수인 She이기 때문에 동사는 likes가 되어야 한다. 특정 어휘를 모를 수는 있지만, 이와 같은 문법성 판단 능력은 영어 화자라면 모두 갖추고 있다(Fromkin et al, 2011: 79).

Grammatical judgments are neither idiosyncratic nor capricious, but are determined by rules that are shared by all speakers of a language.

영어 단어인지 아닌지의 여부를 파악(lexical decision)하는 것도 넓은 의미에서 영문법에 대한 지식이라고 말할 수 있다. 다음 단어들을 비교해보자.

① brick
② *blick
③ *bnick

① brick은 영어 단어지만 ② blick과 ③ bnick은 영어 단어가 아니다. ②는 발음상으로는 가능하지만 영어 단어가 아니며, ③은 /bn/으로 시작하는 영어 단어가 없는 것에서도 알 수 있듯이 발음 자체가 불가능하다는 것을 알 수 있다. 이처럼 음절의 초성으로서 /br/과 /bl/은 가능하지만 /bn/은 불가능하다는 음소배열 규칙(phonotactics)도 넓은 의미에서는 문법에 포함된다. 이처럼 언어학에서 의미하는 문법은 범위가 매우 넓다.

어순

"구슬이 서 말이라도 꿰어야 보배"라는 속담이 있다. 마찬가지로 영어 단어를 아무리 많이 알고 있어도 올바른 순서로 배열하지 않으면 의사 전달이 되지 않을 수 있다. 다음 세 문장을 비교해 보자.

① The cat chased the mouse.
② *The cat the mouse chased.
③ The mouse chased the cat.

문장 ①은 영어의 어순(word order)을 지키고 있으며 의미를 파악하는 데에도 아무 문제가 없다. 문장 ②는 문장 ①과 동일한 단어들로 구성되어 있지만, 영어의 어순을 지키고 있지 않으므로 비문법적인 문장이다. 반면에 문장 ③은 실제로 거의 일어날 수 없는 의미지만, 영어의 어순을 지키고 있기 때문에 문법적이다. ③과 유사한 예로 현대 언어학의 대표적인 학자인 촘스키(Chomsky)는 다음과 같은 문장을 예로 들고 있다.

Colorless green ideas sleep furiously.

이 문장은 의미상으로는 모순이지만 문법적으로는 전혀 문제가 없다. 이 문장을 처음 본 사람 누구나 문장의 의미와는 상관없이 ideas가 주어고 sleep이 동사라는 문장 구조를 파악할 수 있다. 이처럼 문장 구조에 대한 지식은 의미에 대한 지식에서 분리될 수 있다(Fromkin et al, 2011). 즉 문장의 의미를 모르고도 문장의 구조는 알 수 있다. 다음 문장을 읽어 보자.

The peef durked the beel fadly.

이 문장은 the를 제외하면 모두 영어 단어가 아니기 때문에 해석이 불가능하다. 해석은 불가능하지만 문장 구조를 파악하는 것은 가능하다. 첫째, peef와 beel은 앞에 관사 the가 있는 것으로 보아 명사임을 유추해 볼 수 있다. 또한 durked는 문장 내에서의 위치와 접미사 {ed}로 보아 과거시제의 동사이고, fadly는 접미사 {ly}로 보아 부사인 것으로 판단할 수 있다. 이처럼 문장의 의미를 모르면서도 문장의 구조를 파악할 수 있는 것이 통사론적 지식의 하나이다.

영어와 한국어의 어순

통사론적 지식 중에 가장 대표적인 것은 어순에 관한 것이다. 영어와 한국어 문장은 다음과 같은 어순의 차이가 있는 것으로 잘 알려져 있다.

영어: He likes soccer.
　　SVO (Subject-Verb-Object)

한국어: 그는 축구를 좋아한다.
　　SOV (Subject-Object-Verb)

영어는 동사(V)가 목적어(O) 앞에 오는 SVO 언어인 반면에, 한국어는 목적어(O)가 동사(V) 앞에 오는 SOV 언어다. 어순의 차이는 한국어와 영어의 많은 차이점 중에서도 대단히 중요한 차이라고 할 수 있다.

이와 같은 어순의 차이뿐만 아니라, 영어와 한국어는 다음과 같은 차이로도 구분된다(김경숙, 2018).

> 영어: L 언어(Location Language)
> 한국어: M 언어(Marker Language)

영어는 위치(location)에 의해 어순이 갖는 정보가 중요한 L 언어이다. 같은 단어로 구성된 다음 두 문장은 어순에 따라 의미에 차이가 있다.

> Greg likes Suzanne.
> Suzanne likes Greg.

반면에 한국어에서는 어순보다는 접미사가 나타내는 주격, 목적격 등, 격(marker)이 중요한 M 언어이다. 다음 두 문장은 어순이 달라도 밑줄 친 접미사의 역할로 인해 의미가 같다.

> 민호는 수지를 좋아한다.
> 수지를 민호는 좋아한다.

영어는 어순이 문장의 문법성과 의미에 중요한 역할을 하는 반면, 한국어는 어순이 상대적으로 자유로우며 접미사가 나타내는 격이 중요하다는 차이점이 있다.

보편문법

앞서 언급한 것처럼 영어와 한국어는 어순을 비롯하여 문법적으로 많은 차이가 있다. 그러나 이러한 차이에도 불구하고 모든 언어에는 공통점이 있으며 이를 보편문법(Universal Grammar)이라고 부른다. 보편문법은 일반적인 의미의 '문법'보다 더 넓은 범위를 포함한다.

보편문법의 원칙을 대표적인 세 가지만 제시하면 다음과 같다(Denham & Lobeck, 2010: 15).

① All languages have subjects and predicates.
② All languages have nouns and verbs.
③ All languages have a subset of sounds (from a much bigger possible group of sounds humans make that could be used for language).

첫 번째 원칙은 모든 언어에는 주부(主部)와 술부(述部)가 있다는 것이다. 그런데 주어가 대명사인 경우, 언어에 따라 주어를 생략할 수 있는 조건을 선택할 수도 있다. 예를 들어, 한국어에서는 주어가 의미상 이해 가능한 경우 자유롭게 생략할 수 있지만, 영어에서는 주어가 항상 문장에 나타나야 한다.

두 번째 원칙은 모든 언어에는 명사와 동사가 있어야 한다는 것이다. 그러나 언어에 따라 명사를 수식하는 방식은 차이가 있다. 예를 들어, 영어에서는 전치사가 명사 앞에 오는 구조이지만, 한국어에서는 명사 뒤에 후치사가 온다. 마찬가지로 동사에 있어서도 언어마다 약간씩의 차이가 있다.

세 번째 원칙은 일반적인 의미의 문법에 관한 것이 아니라 발음에 관한 것이다. 모든 언어는 인간이 발음 가능한 모든 말소리들 중의 일부분을 유의미하게 사용한다. 예를 들어, 전 세계의 언어에는 약 600개의 자음이 있는데(Rickerson & Hilton, 2012), 영어는 그 중 24개의 자음을, 한국어는 19개의 자음을 사용하고 있다. 영어에서 사용되는 자음 중에는 /f, v/처럼 한국어에서 사용되지 않는 자음이 많이 있으며, 반대로 한국어의 자음이 영어에서 사용되지 않는 것도 있다.

언어는 인간이 획득하는 지식 체계 중 가장 복잡한 것 중의 하나 (Rickerson & Hilton, 2012)임에도 불구하고, 모국어를 쉽게 습득할 수 있는 것은 어린이들이 보편문법을 가지고 태어나기 때문이다. Fromkin et al(2011: 124)은 보편문법에 대해 다음과 같이 설명한다.

> Universal Grammar (UG) provides the basic design for all human languages, and individual languages are simply variations on this basic design.

통사론에서 보편문법의 예로 자주 언급되는 것은 주어의 생략 여부다. 다음 이탈리아어와 영어 문장을 비교해 보자(Denham & Lobeck, 2010: 14).

① Isabella non vuole mangiare.
Isabella does not want to eat.

② Non vuole mangiare.
[She] does not want to eat.

문장 ①의 주어(Isabella)가 문장 ②에서는 생략될 수 있는 것이 이탈리아어의 특징이다. 반면에 영어에서는 문장 ①과 ②에 항상 주어가 있어야 한다. 보편문법에 의하면 영어와 이탈리아어를 비롯한 모든 언어에는 기본적으로 문장에는 주어가 있지만, 이탈리아어는 문맥과 상황에서 이해가 되는 경우 주어를 생략할 수 있는 '주어 생략 언어(null subject language)'로 분류된다. 이탈리아어는 주어 생략의 스위치가 켜져 있고, 영어는 꺼져 있는 것과 같이 개별 언어의 차이를 이분법적으로 설명한다(Denham & Lobeck, 2013). 이러한 이분법적인 on-off 스위치의 비유를 통해, 영어, 이탈리아어, 한국어 문장의 대표적인 차이를 살펴보면 다음과 같다.

	영어	이탈리아어	한국어
SVO 스위치	ON	ON	OFF
주어 생략 스위치	OFF	ON	ON

위의 그림은 세 언어의 어순과 주어 생략 여부를 간결하게 보여주고 있다. 또한 개별 언어들의 차이가 일반적으로 알고 있는 것보다 훨씬 적으며, 차이점보다는 인간 언어로서의 공통점을 부각시키고 있다. '정수기'의 스위치에 비유하자면 영어, 이탈리아어, 한국어는 온수와 냉수의 스위치를 켜고 끄는 차이만 있을 뿐이며 '물'이라는 공통점이 더 크다.

3. 영어 문장의 구조

영어 문장의 구조에 대해 알아보기 위해 다음과 같이 세 단어로 구성된 간단한 문장을 예로 살펴보자.

Boys like girls.

우리가 이 문장의 의미와 구조를 파악하는 과정은 Boys ⋯▶ like ⋯▶ girls 의 단어를 순서대로 만나는 것이지만, 이 단어들이 결합하여 문장을 구성하는 방식은 이론적으로 세 가지가 있다.

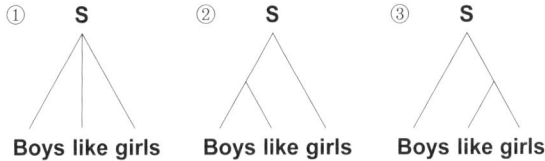

위와 같이 통사론에서 문장의 구조를 나무 모양으로 나타내는 것을 수형도(tree diagram)라고 한다. 통사론의 수형도는 나무의 뿌리와 같이 아래로 자라는 점이 실제 나무와의 차이다. 위의 그림 ①, ②, ③에서 S는 문장(sentence)을 의미한다.

단어가 결합하여 문장을 이루는 구조는 크게 두 가지, 평면적 구조(linear structure)와 위계적 구조(hierarchical structure)로 나눌 수 있다. ①은 Boys, like, girls가 중간 단위 없이 직접 S에 연결되어 있으며 이와 같은 구조를 평면적 구조라고 한다.

②와 ③은 위계적 구조다. ②는 Boys와 like가 먼저 결합하여 중간 단위

를 이룬 다음, girls와 결합하여 문장을 완성한다. 반면에 ③은 like와 girls가 중간 단위를 이룬 후, Boys와 결합한다. 영어 문장은 ③과 같은 위계적 구조를 이루고 있다. (4장에서 언급했듯이, 영어는 문장뿐만 아니라 단어와 음절도 위계적 구조를 이룬다.)

③의 구조를 자세히 나타내면 다음과 같다.

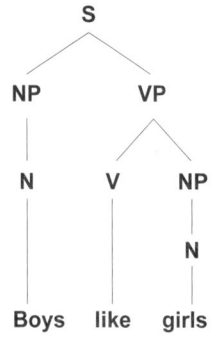

위의 그림에 나타난 문장 구조는 다음과 같은 규칙들로 나눌 수 있다.

① S → NP + VP
② VP → V + NP
③ NP → N

첫째, 문장(S)은 명사구(NP: Noun Phrase)와 동사구(VP: Verb Phrase)로 나뉜다. 이때 명사구와 동사구는 각각 주어(subject)와 술어(predicate)라고 부른다. 모든 언어의 문장은 주어와 술어로 이루어져 있으며 이는 보편문법의 대표적인 특징이다(Denham & Lobeck, 2013).

둘째, 동사구(VP)는 동사(V)와 명사구(NP)로 나뉜다. 즉 동사는 앞에 있는 주어와는 결합하지 않으며, 뒤에 있는 목적어와 먼저 결합하여 중간 단위인 동사구를 이룬다. 한국어에서도 동사가 목적어와 결합하는 것은 같지만, 동사구의 구조가 다르다. 동사구의 핵심어 또는 '머리어(head)'인 동사가 있는 것은 두 언어에서 같지만, 영어의 동사구에서는 머리어인 동사가 동사구의 처음에 나오는 반면에 한국어의 동사구에서는 머리어인 동사가 동사구의 끝에 나온다. 영어와 한국어가 동사구에서 머리어의 위치는 다르지만, 문장이 위계적 구조를 이루고 있다는 것은 공통점이다.

셋째, 규칙 NP → N은 이 문장처럼 주어가 Boys인 경우에 명사구(NP)가 명사(N)만으로 이루어질 수 있다는 것을 보여준다.

구성성분

앞서 살펴본 바와 같이, 간단한 문장도 평면적 구조가 아닌 위계적 구조를 이루고 있으며, 문장이 복잡해질수록 위계적 구조의 특성이 더욱더 잘 나타난다. 예를 들어, The boys like the girls와 같은 문장은 다음과 같은 수형도로 나타낼 수 있다.

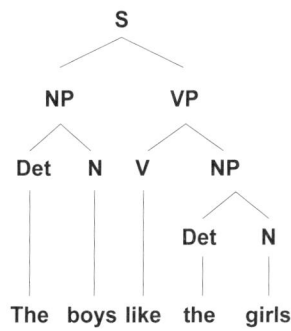

앞서 언급했던 규칙 3가지 이외에 다음과 같은 규칙이 추가된다.

NP → (Det) N

즉 명사구는 The boys처럼 한정사(determiner)와 명사(noun)로 구성되거나, Boys처럼 명사만으로 구성될 수 있다는 의미이다. 위와 같은 문장의 구조 분석에 있어 구성성분(constituent)은 매우 중요한 개념이다. 구성성분이란 하나의 단위를 구성하는 문장의 내부 단위를 말한다. 문장 The boys like the girls는 다음과 같은 구성성분으로 이루어져 있다.

[The boys] [like [the girls]].
① ② ③ ④ ⑤

즉 이 문장에는 다음 세 가지 구성성분이 있다.

The boys
the girls
like the girls

이러한 구조에 의하면, ①, ②번 단어로 이루어진 The boys는 명사구로서 구성성분을 이룬다. 구성성분은 독립적인 단위이기 때문에 The boys like the girls의 ①, ②번 단어를 한 단어로 바꾸어 They like the girls와 같이 말할 수 있다.

②, ③번 단어로 이루어진 boys like는 구성성분을 이루지 못하며 구성성분이 아닌 경우에는 다른 단어로의 대체가 불가능하다. 즉 The <u>boys like</u> the girls의 밑줄 친 두 단어를 한 단어로 바꿀 수 없다.

구성성분을 이루는 단어 간에는 긴밀한 연결 관계가 있어서 앞 단어를 보면 다음 단어가 무엇일지 예측하는 데 도움을 준다. 예를 들어, 앞 단어가 the인 경우 이어지는 단어는 명사일 확률이 매우 높다. 이와 같은 통계적 접근법이 자연어처리의 한 분야인 통사적 처리(syntactic processing)에서 활용되고 있다. 이처럼 영어를 비롯한 모든 자연어는 평면적 구조가 아닌 위계적 구조를 이루고 있으며 그 결과 다양한 구성성분을 포함하고 있기 때문에 영어 문장의 구조 분석에 있어서 구성성분을 파악하는 것은 매우 중요하다.

문장 변형 규칙

통사적 규칙을 적용해서 한 문장을 다른 문장으로 바꾸는 것을 변형(transformation) 규칙이라고 한다. 여기에서는 평서문을 의문문으로 바꾸는 과정을 통해 영어 문장의 구조가 위계적이며 구성성분의 역할이 중요하다는 점에 대해 알아보기로 하자.

영어 평서문을 의문문으로 바꾸는 가장 기본적인 방법은 주어와 동사의 위치를 바꾸는 것이다. 예를 들어, 다음에 제시된 문장 전환의 방식을 보면 평서문의 첫 단어와 두 번째 단어의 순서를 바꾸면 의문문이 됨을 알 수 있다.

He can swim.
⋯▸ Can he swim?

이와 같은 방식은 He can swim과 동일한 의미의 독일어 문장을 평서문에서 의문문으로 바꿀 때에도 적용된다.

Er kann schwimmen.
⋯▸ Kann er schwimmen?

이러한 문장 전환의 공통점은 영어와 독일어 문장 구조의 유사성을 보여주는 대표적인 예다.

영어의 진행형 문장도 유사한 과정으로 평서문을 의문문로 바꿀 수 있다. 예를 들어, He is studying을 의문문으로 바꾸면 Is he studying?이 된다. 아주 간단하게 생각하면 1번 단어와 2번 단어의 위치를 바꾸는 것이다. 그러나 이런 표면적 접근 방식으로는 평서문이 조금만 바뀌면 올바른 의문문을 만들 수 없다. 예를 들어, 주어가 He에서 The man으로 바뀐 다음 문장을 의문문으로 바꿔보자.

The man is studying.
⋯▸ *Man the is studying? (1번과 2번 단어 위치 바꿈)
⋯▸ Is the man studying? (2번과 3번 단어 위치 바꿈)

위에서 볼 수 있듯이, 문장의 동사를 정확히 파악해야 의문문을 만들 수 있다. 그런데 다음과 같은 문장에서는 동사가 두 개이기 때문에 어느 동사를 선택해서 의문문을 만들어야 하는지의 문제가 나타난다.

The man who is studying is Fred.
⋯▸ ① *Is the man who studying is Fred?
⋯▸ ② Is the man who is studying Fred?

①은 첫 번째 is를 문장의 앞으로 보낸 것으로 비문법적인 문장이 된다. 문장 전체의 주어가 The man who is studying이므로 ②와 같이 두 번째 is를 문장의 앞으로 보내야 정확한 의문문이 된다. 이처럼 평서문을 의문문으로 바꾸는 과정은 영어 문장을 구성하는 단어들이 평면적으로 결합된 게 아니라, 구성성분을 이루며 위계적으로 결합되어 있다는 것을 보여준다(Fromkin et al, 2011).

4. 구조적 중의성

언어학에서 중의성(ambiguity)은 하나의 단어 또는 문장이 두 개 이상의 의미로 해석될 수 있는 상황을 말하며, 일반적으로 어휘적 중의성(lexical ambiguity)과 구조적 중의성(structural ambiguity)으로 나눈다. 어휘적 중의성은 한 단어에서 두 가지 이상의 의미가 발생하는 것으로 형태론의 연구 대상이 된다. 예를 들어, 다음 문장은 smart에 의해 두 가지 의미로 해석할 수 있다(Fromkin et al, 2011: 81).

This will make you smart.

첫 번째 의미는 smart의 기본적인 의미를 바탕으로 "이것은 당신을 똑똑하게 만들 것입니다"라는 의미로 해석할 수 있다. 그러나 smart에는 '따끔한'이라는 의미도 있어서, 두 번째 의미로는 "이것은 따끔할 것입니다"라는 의미로 해석될 수 있다.

구조적 중의성은 하나의 구 또는 문장이 구조상의 차이에 따라 두 가지 이상의 의미로 해석되는 것을 말한다. 어휘적 중의성이 개별 단어의 다양한 의미에 의해 발생하는 것과는 달리, 구조적 중의성은 개별 어휘의 의미와는 상관이 없다. 구조적 중의성은 영어 문장의 구조가 평면적이지 않고 위계적 구조를 가지고 있다는 증거다. 구조적 중의성의 대표적인 예로 and가 포함된 다음 문장의 두 가지 의미를 생각해보자.

    I love pie and ice cream for dessert.
    ① 저는 디저트로 파이와 아이스크림을 좋아합니다.
    ② 저는 파이를 좋아하고 디저트로는 아이스크림을 좋아합니다.

위 문장은 and가 어떤 두 가지를 나열하느냐에 따라 ①과 ②의 해석이 가능해진다. ①은 디저트로 파이와 아이스크림 둘 다를 좋아한다는 의미인 반면에, ②는 디저트로 좋아하는 것은 아이스크림뿐이라는 뜻이다. 이와 같은 ①과 ②의 해석상의 차이는 다음과 같이 pie and ice cream for dessert를 구조화하여 나타낼 수 있다.

    ① [pie and ice cream] [for dessert]
    ② [pie] and [ice cream for dessert]

①과 같은 의미로 해석하는 것이 보다 일반적이며, 번역기도 ①처럼 더 일반적인 의미로 해석하는 것을 알 수 있다. 어휘적 중의성의 경우에는 중의성을 발생시키는 단어의 가장 일반적인 의미로 해석하며, 구조적 중의성의 경우에는 한 단어의 의미보다는 문장 전체의 구조와 의미를 고려하여 더 일반적인 의미로 해석한다.

구조적 중의성의 예를 하나 더 살펴보자(Fromkin et al. 2011: 109). 다음 문장에는 어떤 두 가지 의미가 있을까?

She saw the man with the telescope.

이 문장의 해석은 망원경을 가지고 있는 사람이 누구인가에 따라 달라진다. '남자'가 망원경을 가지고 있다면 ①과 같은 구조로서 "그 여자는 망원경을 가진 남자를 보았다"라는 의미가 된다. 하지만 '여자'가 망원경을 가지고 있다면 ②와 같은 구조로서 "그 여자는 망원경을 가지고 그 남자를 보았다"라는 의미가 된다.

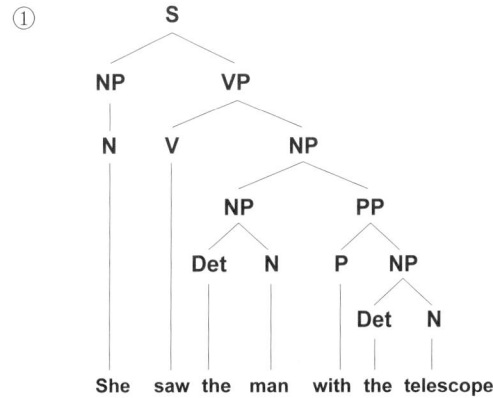

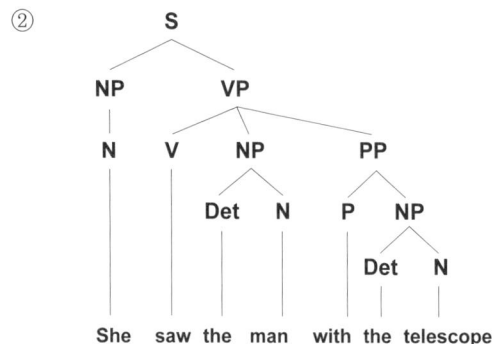

이처럼 문장이 두 가지 의미로 해석될 수 있는 것은 문장은 단순히 단어들의 평면적 결합으로 이루어진 것이 아니라 위계적인 구조를 이루고 있기 때문이다. 그런데 위와 같은 두 가지 해석은 동사가 바뀌면 하나만 가능해진다. 예를 들어, 다음 문장은 망원경의 주인이 남자일 수밖에 없다.

She knew the man with the telescope.

이 문장의 동사인 knew의 의미로 보아 목적어가 the man with the telescope로 해석되는 한 가지 의미만 가능하다. 이처럼 구조적 중의성은 문장의 구조와 단어의 의미가 함께 연관되어 나타난다.

구조적 중의성은 앞서 살펴본 예와 같이 개별 단어의 의미와는 전혀 상관없이 문장의 구조에 따라 다양한 의미가 나타나는 것이다. 그러나 다음의 예를 보면 구조적 중의성에 바탕을 두고 있지만, 문장을 구성하는 어휘의 의미에 변화가 오는 것도 있다.

Visiting professors can be boring.

이 문장에는 다음 두 가지 의미가 있다.

① 초빙교수들은 지루할 수가 있다.
② 교수들을 방문하는 것은 지루할 수가 있다.

①과 같이 해석하는 경우에는 visiting professors가 '초빙교수'라는 명사로 분석된 것인 반면에, ②와 같이 해석하는 것은 visiting professors가 '교수들을 방문하기'라는 동명사로 분석된 것이다. 따라서 ①과 ②의 의미로 사용되는 문장은 조동사 can 대신에 be 동사를 쓰면 각각 다음과 같이 동사의 형태가 달라진다.

① Visiting professors are boring. (명사)
② Visiting professors is boring. (동명사)

다음 문장에서도 두 가지 의미는 구조적 중의성에 바탕을 두고 있으면서 구성 어휘의 의미에도 약간의 변화를 가져온다(Carroll, 1986: 177).

They are eating apples.

위 문장의 기본적인 의미는 "그들이 사과를 먹고 있다"라는 것이지만, eating apples가 ('조리용 사과' cooking apples와 대조되는) '식용사과'라는 의미로도 해석될 수 있다. 전자의 의미는 문장의 시제가 현재진행형인 반면에, 후자의 의미는 단순현재 시제이다.

5. 컴퓨터의 문장구조 분석

컴퓨터가 인간의 언어를 분석하는 것을 자연어처리(NLP: Natural Language Processing)라고 한다. 자연어는 한국어, 영어 등 자연 발생적인 인간의 언어를 의미하며, 컴퓨터 프로그래밍 언어와 대조되는 개념이다. 자연어처리는 몇 가지 분야로 나뉘는데 문장의 구조를 이해하고 분석하는 것을 통사적 처리(syntactic processing)라고 한다. 통사적 처리는 문장구조 분석(parsing)이라고 부르기도 하며, 통사적 처리를 수행하는 프로그램을 파서(parser)라고 부른다.

컴퓨터에 의한 통사적 처리는 문장의 문법적, 위계적 구조에 의해 영향을 받지만, 인접 단어들에 의해 영향을 받기도 한다. 예를 들어, 다음과 같은 문장에서 일시적 중의성(temporal ambiguity)이 생길 수 있는 것은 fires의 의미가 뒤따르는 단어들에 의해서 결정되기 때문이다(Fromkin et al, 2011: 385).

> The warehouse fires
> ① were set by an arsonist.
> ② employees over sixty.

The warehouse fires까지만 보고 fires를 '화재'로 해석하고 있으면, ①과 같이 were 이하로 이어지며 문장의 의미가 무난하게 파악된다. 그러나 ②처럼 employees 이하로 이어지면 원래 파악했던 fires의 의미는 '화재'가 아니라 '해고하다'는 뜻이기 때문에 문장의 의미를 다시 파악해야 한다. 이 경우에는 순차적으로 단어들을 해석해가는 것에 문제점이 생겨 되돌아가기(back-tracking)를 해야 한다. 이러한 되돌아가기가 필요한 것은 문장이 평면적 구조가 아니라 위계적 구조로 이루어져 있음을 보여준다.

문장의 문법, 위계적 구조, 단어의 품사 등 통사적 처리와 관련된 수많은 것을 고려하면 문장 구조 분석에 있어서 인간보다 컴퓨터가 더 뛰어날 수 있다. 다음 문장에서 가능한 의미는 모두 다섯 가지이며 문장구조 분석 프로그램은 다음과 같은 다섯 가지 뜻을 쉽게 파악할 수 있다고 한다(Fromkin et al, 2011 : 400).

    Time flies like an arrow.
       ① 세월은 화살처럼 빠르다.
       ② 타임플라이(time flies)는 화살을 좋아한다.
       ③ 화살처럼 파리의 시간을 재라.
       ④ 화살과 같은 파리의 시간을 재라.
       ⑤ 애로우(arrow)가 시간을 재는 것처럼 파리의 시간을 재라.

①은 Time flies like an arrow의 가장 기본적인 해석으로서 flies를 동사로 사용한 격언의 의미를 그대로 살린 문장이다. ②는 like를 동사로 파악한 문장으로서, Time flies가 주어, an arrow가 목적어가 된다. ①이 기본적인 해석, ②는 농담과 같은 해석이며 두 문장의 공통점은 평서문이라는 데 있다. 그 반면 ③, ④, ⑤는 모두 명령문이며, Time이 동사로 쓰이고 있다. ③, ④, ⑤는 언뜻 떠오르지 않는 의미지만 문장구조 분석 프로그램으로는 충분히 가능한 해석이다.

챗봇 Eliza의 문장 전환 능력

최초의 챗봇으로 언급되는 것은 1966년 MIT의 바이젠바움(Weisenbaum)이 개발한 Eliza이다. 챗봇 이름 Eliza는 영국 소설의 여주인공 이름이기도 하다. 이 소설에서 Eliza가 영국 상류층의 말을 배우기 위해 노력하는데, 이는 마치 챗봇 Eliza가 인간의 말을 이해하기 위해 노력하는 것과 비슷한 상황이다.

챗봇 Eliza는 심리치료사 역할을 했는데 다음과 같은 대화를 보면 심리치료사로서 환자들과의 대화에 대단히 성공적으로 대처하고 있는 것 같다 (Bostrom et al, 2017: 13).

> Patient: I want to cry.
> Eliza: Why do you want to cry?
> Patient: Because my mother hates me.
> Eliza: Who else in your family hates you?

Eliza와 환자의 대화는 음성이 아니라 문자로 이루어진 것이지만, 1966년 당시 기술을 감안하면 매우 우수한 능력을 보여주고 있다. 그러나 Bostrom et al(2017)도 밝히고 있듯이, Eliza의 대화는 인간의 창의적인 대화와 비교했을 때 다른 점이 많다. Eliza는 상대방이 말한 문장을 바탕으로 의문문으로 바꾸어서 질문을 해나가는 다소 단순한 방식으로 대화를 했다. 예를 들어, 환자가 I want to cry라고 말하면 미리 정해진 문장 전환 방식을 사용해서 Why do you want to cry?와 같이 묻는 것이다. 이어지는 대화도 비슷한 패턴을 보이고 있다. 그러나 아무리 단순한 방식의 대화였다고 해도 1966년 당시를 생각하면 Eliza의 대화 능력은 놀라울 정도로 훌륭하다(김대수, 2020).

Review

다음 용어를 간단히 설명하시오.

- [ ] **constituent**
- [ ] **grammatical judgment**
- [ ] **lexical decision**
- [ ] **location language / marker language**
- [ ] **null subject language**
- [ ] **structural ambiguity**
- [ ] **subject / predicate**
- [ ] **syntactic processing**
- [ ] **temporal ambiguity**
- [ ] **universal grammar**

6
화용론 이야기

We'll cross that bridge when we get to it.

이 문장은 "미리 걱정하지 마"라는 의미로 사용되는 표현입니다. 이처럼 영어에서는 '다리(bridge)'를 맞이해야 할 문제로 비유하고 있습니다. 한국어에서는 같은 상황에서 어떤 비유법을 사용할까요?

언어마다 비유법을 사용하는 방식이 다릅니다. 화용론은 언어의 맥락이나 비유법을 연구하는 분야입니다.

제6장에서는 다음과 같은 순서로 '화용론'에 대해 이야기해 보고자 합니다.

1. 화용론의 정의
2. 언어적 맥락과 상황적 맥락
3. 비유적 의미
4. 언어 간의 화용론적 차이

1. 화용론의 정의

4장에서는 어휘, 5장에서는 문법에 대해 알아보았다. 어휘와 문법은 언어를 구성하는 두 가지 핵심 요소로서 언어적 의미를 전달하는 데 있어 필수적인 역할을 한다. 따라서 외국어로 의사소통을 하기 위해서는 그 외국어의 어휘와 문법을 반드시 알아야 한다. 예를 들어, "이 식당의 추천 메뉴는 무엇입니까?"라는 말을 영어로 하기 위해서는 필요한 단어들을 알아야 하고 그 단어들을 영어 문법에 맞게 배열해야 한다. 그러나 번역기를 활용하면 우리는 어렵지 않게 위 한국어 문장을 영어뿐만 아니라 중국어, 일본어 등 얼마든지 다양한 언어로 번역할 수 있다.

What's your recommendation for this restaurant?
这家餐厅的推荐菜单是什么？
この食堂のお勧めメニューは何ですか。

이처럼 기본적인 생활영어(또는 생활 외국어)는 번역기가 충실하게 역할을 해준다. 그러나 인간의 의사소통에는 언어 자체에 대한 지식보다 더 많은 것이 담겨 있다(Spencer-Oatey & Zegarac, 2010: 81).

There is more to communication than knowledge of language.

어휘와 문법으로 구성된 언어 자료를 텍스트(text)라고 한다. 언어를 정확히 이해하기 위해서는 텍스트에 대한 이해만으로는 부족하고 텍스트가 어떤 맥락(context)에서 사용되고 있는지를 알아야 한다. 화용론(pragmatics)은 언어 사용의 맥락에 대한 연구라고 정의할 수 있다(Barry, 2008: 138).

The area of language study concerned with the form and use of language in context is known as pragmatics.

언어학 연구와 외국어 교육에 있어서 화용론의 중요성과 필요성은 더욱 부각되고 있다(Spencer-Oatey & Zegarac, 2010: 73).

The meaning of an utterance is not fully determined by the words that are used: there is a gap between the meaning of the words used by the speaker and the thought that the speaker intends to represent by using those words on a particular occasion.

전통적으로 외국어를 학습한다는 것은 그 외국어의 언어적 지식을 학습하는 것과 동일한 것으로 여겨졌다. 예를 들어, 문법번역식 교수법 (grammar-translation method)에서는 언어 사용의 맥락보다는 두 언어 자체의 비교에 초점을 두었다. 그러나 언어는 사회적 맥락을 떠나서는 올바르게 이해되기 힘들다(Burns & Seidlhofer, 2010: 197).

> Language is used to negotiate and achieve meaning in social contexts and so cannot be divorced from those contexts.

2. 언어적 맥락과 상황적 맥락

Fromkin et al(2011: 167)은 맥락을 언어적 맥락(linguistic context)과 상황적 맥락(situational context)으로 나누어 다음과 같이 설명한다.

> The first is *linguistic* context – the **discourse** that precedes the phrase or sentence to be interpreted; the second is *situational* context – virtually everything nonlinguistic in the environment of the speaker.

언어적 맥락은 의미를 해석하고자 하는 초점이 되는 문장의 앞에 있는 문장들을 전체적으로 칭하는 것으로 담화(discourse)라고도 한다. 따라서 담화 분석의 대상은 개별 문장이 아니라 개별 문장의 집합으로 이루어진 전체 발화 단위가 된다. 분석의 범위가 개별 문장을 벗어나면 어휘적 중의성(lexical ambiguity)이 있는 단어들의 의미가 정확하게 나타난다. 예를 들어, I needed some cash. So I went to the bank와 같은 언어적 맥락에서 bank의 의미는 더 이상 중의적이지 않다.

반면에 상황적 맥락은 화자가 속한 환경에서 볼 수 있는 거의 모든 비언어적인 내용을 포함한 것으로서, 일반적으로 맥락은 언어적 맥락보다는 상황적 맥락을 의미한다. Fromkin et al(2011)은 다음과 같이 영어 대명사의 의미가 결정되는 과정을 통해 언어적 맥락과 상황적 맥락의 차이점을 설명하고 있다.

언어적 맥락

대명사의 언어적 맥락과 관련하여 다음 대명사 him과 he가 누구를 지칭하는지 알아보자.

① Tom knows him.
② Tom knows that he is a good cook.

대명사는 앞에 있는 명사를 지칭하는 역할을 하는 품사이다. 이때 대명사의 앞에 있는 명사를 선행사(antecedent)라고 한다. 문장 ①의 him은 Tom을 제외한 모든 남자를 의미할 수 있는 반면에, 문장 ②의 he는 Tom과 일치해야 한다. 이처럼 문장 ①과 ②의 대명사의 선행사가 다른 이유는 문장의 구조 때문이다. 문장 ①에서는 Tom과 him이 같은 절(clause)에 있기 때문에 목적격 대명사의 속성상 주어와 반드시 달라야 한다. 그러나 문장 ②에서는 Tom과 him이 서로 다른 절(Tom은 주절[main clause]에 있고 he는 종속절[subordinate clause])에 있기 때문에 ②의 Tom과 he는 일치한다.

다음 두 문장(Barry, 2008: 247)에서도 문장 구조의 차이로 인해 대명사 she가 지칭하는 사람이 다르다.

① When she fell, Lauren cried.
② She fell, and Lauren cried.

문장 ①에서는 she가 종속절에 있고 Lauren이 주절에 있기 때문에 she는 Lauren을 지칭하지만, 문장 ②는 두 개의 절이 등위(coordination) 구조를 이루고 있기 때문에 she와 Lauren은 다른 사람이다.
지금까지는 같은 문장에 있는 명사와 대명사의 관계를 살펴보았다. 이번에는 앞에 있는 문장의 명사가 대명사의 선행사가 되는 예를 살펴보자(Fromkin et al, 2011: 169).

① It seems that the man loves the woman.
② Many people think he loves her.

문장 ②의 her는 문장 ①의 the woman을 의미하는 것임을 알 수 있다. 이처럼 대명사는 같은 문장 내에서뿐만 아니라 앞 문장의 명사와도 지칭 관계를 맺을 수 있다. 이때 문장 ①이 문장 ②의 해석에 언어적 맥락이 되고 있는 것이다.
일반적인 해석과는 달리, 문장 ②의 her가 문장 ①의 the woman을 의미하지 않을 경우에는, "Many people think he loves *her*!"와 같이 her를 이탤릭체로 바꾸고 문장부호를 마침표에서 느낌표로 바꾸어 her가 일반적인 해석과는 다르다는 것을 독자에게 알린다. 발음상으로는 her에 강세를 두어 her가 the woman이 아님을 청자에게 알린다.

❚ 상황적 맥락 ❚

영어 문장의 유형 중 의문문(What time is it?)은 '정보 묻기', 평서문(It's ten twelve)은 '정보 전달'이라는 기본적 기능이 있다. 그러나 각 문장의 해석은 표면적 구조에 의존하지 말고 상황적 맥락을 항상 고려해야 한다. 예를 들어, Can you swim?은 진정한 의문문으로서 상대방에게 정보를 묻고 있는 문장이지만, Can you pass the salt?는 문장 구조는 의문문이지만 사실은 요청하는 문장이다. 이 물음에는 Yes, I can처럼 대답하는 것보다 '소금을 건네주는 행동'이 가장 적절한 응답이다.

평서문 또한 상황적 맥락을 고려하여 의미를 해석해야 할 필요가 있다. 커다란 금연 표시 밑에 쓰여 있는 Thank you for not smoking!은 표면적으로는 감사의 의미를 담고 있지만, 담배를 피우지 말아달라는 요청일 수도 있고, 더 나아가서는 경고의 의미일 수도 있다.

필자는 유학 시절 담배를 피웠는데 당시 캐나다는 우리나라보다 금연 정책이 훨씬 더 엄격했으며, 익숙한 곳이 아니면 담배를 피울 수 있는지 없는지 판단하기 어려웠다. 애매한 상황에서 주변에 있는 사람에게 Do you think I can smoke here?와 같이 물으니 Well, I can't see any ashtray in here와 같은 대답을 들었던 기억이 난다. 이처럼 모든 대화가 Can you swim? – Yes, I can과 같은 소위, 인접쌍(adjacency pair)처럼 이루어지지는 않는다. 방금 전에 예시로 든 필자와 어떤 남자와의 대화처럼 상황적 맥락에 의해 진행되는 것이 훨씬 더 많다.

다음 두 문장을 보면 서로 다른 구조의 두 문장이 동일한 요청의 의미를 갖는다(Thornbury, 2006: 175).

① It's a bit warm in here, isn't it?
② Do you think you can open the window?

문장 ①과 ② 모두 창문을 열어달라는 요청을 하고 있다. 그러나 ①과 ②의 중요한 차이점은 ①은 완곡한 요청인 반면에, ②에는 다소 강요하는 의미가 포함되어 있다는 점이다.

대명사의 해석도 상황적 맥락에 의해 결정된다(Fromkin et al. 2011: 170).

Every girl in the class hopes John will ask her out on a date.

이 문장에서 대명사 her의 선행사(antecedent)는 every girl이다. 즉, 대명사 her는 학급의 '어느 한 여학생'을 의미한다. 그러나 이와 같은 대명사와 선행사의 문법적 관계가 항상 유지되는 것은 아니다. 대명사의 특성상 같은 문장에 있는 명사 every girl을 지칭하지 않을 수도 있으며 her가 누구인지는 전적으로 상황적 맥락에 달려 있다.

지시사(deixis)도 문장의 의미가 상황적 맥락에 의해 해석되는 것임을 잘 보여준다. Crystal(1991: 96)은 지시사를 다음과 같이 정의한다.

the personal, temporal or locational characteristics of the situation within which an utterance takes place, whose meaning is thus relative to that situation

첫째, 인칭 지시사(personal deixis)로는 I, you 등이 있다. 고유명사

6 ― 화용론 이야기

Tom, Mary 등이 지칭하는 대상은 대화 참여자가 누구냐에 상관없이 동일하지만, I와 you가 지칭하는 대상은 누가 말하고 있고 듣고 있느냐에 따라 수시로 바뀐다. 둘째, 시간 지시사(temporal deixis)에는 now, then 등이 있다. 예를 들어, Feb 28, 2022는 말하는 시점에 따라 변하는 시간이 아니지만, now와 then은 말하는 시점에 따라 지칭하는 의미가 다르다. 셋째, 위치 지시사(locational deixis)는 here, there 등으로 대화 참여자가 있는 위치에 따라 의미하는 바가 각각 다르다. 위치 지시사는 언어마다 지칭하는 범위가 약간씩 다르다. 말하는 사람과 얼마만큼의 거리에 있느냐에 따라 영어에서의 this와 that이 구별되는 기준은 한국어에서의 '이것'과 '그것'이 구별되는 기준과 약간 다르다. 한국어는 말하는 사람을 기준으로 가까운 것부터 '이것', '그것', '저것'으로 3등분하기 때문인 듯하다.

3. 비유적 의미

언어에는 직설적 의미(literal meaning)와 비유적 의미(figurative meaning)가 있다. 직설적 의미는 단어와 문장이 나타난 글자 그대로의 이미를 의미하는 반면에, 비유적 의미는 직설적 의미뿐만 아니라 또 다른 의미가 숨어 있는 것이다. 비유적 의미를 이해하기 위해서는 문장의 구조 자체가 의미하는 바를 넘어서서 상황에 따라 숨은 의도를 파악해야 한다(Barry, 2008: 143)

Listeners must "go beyond the purely structural analysis of an utterance and decide its intent in a given context."

직설적 의미와 비유적 의미의 대조를 위해 다음 두 문장을 비교해 보자.

① There is a cat on the sofa.
② The cat is out of the bag.

①은 "고양이 한 마리가 소파 위에 있다"는 것을 의미할 뿐 비유적 의미는 없다. ②는 "고양이가 가방에서 나왔다"라는 직설적 의미 이외에 "비밀이 누설되었다"라는 비유적 의미가 있다. 이와 같은 비유적 언어 사용에 있어서 영어와 한국어는 큰 차이를 보이며 영어 학습자에게는 비유적으로 사용되는 영어 표현을 이해하는 것이 대단히 어렵다. 영어의 비유적 표현을 종류별로 살펴보자.

직유법

직유법(simile)은 '~와 같은' 또는 '~처럼'이라는 표현을 사용하는 비유법으로서 영어에서는 like와 as를 자주 사용한다. 영화 '포레스트 검프(Forrest Gump)'의 다음 대사도 직유법을 활용한 대표적인 문장이다. 인생이 예측 불가능하다는 점을 초콜릿 상자에 비유하고 있다.

Life is like a box of chocolates; you never know what you're gonna get.

또한 영어 문화권에서는 조금씩 먹는 것을 He eats like a bird처럼 '새가 먹는 것'에 비유하는 반면에, 한국어 문화권에서는 비슷한 상황에서 '입이 짧다'라는 표현을 쓴다. 필자는 어린 시절에 입이 짧다는 누군가의 말을 들고 심각하게 고민해 본 적이 있다. 한국어의 비유적 표현을 직설적인 의미로 해석한 끝에 나온 엉뚱한 고민이었다.

영어 직유법의 또 다른 종류는 as를 사용하는 것으로 다음과 같은 문장이 있다.

① He is as brave as a lion.
② He is as happy as a lark.

"사자가 용감하다"는 의미는 모든 언어에서 이해될 정도로 매우 보편적이다. 따라서 문장 ①은 "그는 사자처럼 용감하다" 또는 "그는 매우 용감하다"라는 두 가지 번역이 모두 자연스럽다. 반면에 종달새가 행복의 상징이라는 점은 한국어 문화권에서는 익숙하지 않기 때문에 문장 ②는 "그는 종달새처럼 행복하다"라는 번역보다는 "그는 매우 행복하다"라는 번역이 더 적합할 것이다.

은유법

은유법(metaphor)은 '~는 ~이다'라는 표현을 사용하는 비유법으로서 영어에서는 be 동사를 자주 사용한다. 예를 들어, 인생에 대한 다음 문장이 은유법을 사용한 예다.

Life is a collection of choices.

'인생은 선택들의 집합체'라는 이 문장은 자신이 지금까지 행한 모든 것들이 모여 현재 자신의 인생을 이루고 있다는 것을 의미한다. 영어에서 사용되는 보다 일반적인 은유의 예로 Time is money를 들 수 있다. 직설적인 의미로는 돈이 시간일 수는 없지만, 돈과 시간의 중요성을 함축적으로 의미하고 있으며 시간도 돈처럼 아끼거나 또는 낭비할 수도 있다는 의미이다. 다음 두 문장을 비교해 보면 영어의 은유법은 단어의 비유적 의미를 많이 알고 있어야 함을 보여준다.

① My car is a lemon.
② My car is a melon.

①은 전형적인 은유법으로서 "내 차는 엉망이다"라는 의미이다. 반면에 ②는 전혀 의미가 통하지 않는 문장이다. 단어 lemon에는 비유적 의미가 있지만, melon에는 직설적 의미만 있기 때문이다.

속담

속담(proverb)은 한 언어의 문화권 내에서 오랜 시간을 거치면서 만들어진 주로 교훈을 표현하기 위해 만들어진 문장이다. 따라서 한 언어의 속담을 직역하면 다른 언어로는 정확한 의미를 전달하지 못하는 것이 대부분이다. 예를 들어, 우리말의 "세 살 버릇 여든까지 간다"는 속담은 영어로 직역하면 대략의 의미는 전달할 수 있겠으나 영어 문장 자체로는 어색한 표현이 된다. 이 속담에 가장 가까운 영어 속담은 What is learned in the cradle is carried to the grave일 것이다.

번역기에 의한 속담의 한영 및 영한 번역은 계속 발전하는 추세에 있다. 잘 알려진 속담일수록 직역에 의존하지 않고 적절하게 의역하는 경향을 보이고 있다. 다음은 번역기가 한국어 속담을 영어로 적절하게 옮긴 예이다.

① 돌다리도 두드려보고 건너라.
⋯▸ Look before you leap.
② 사공이 많으면 배가 산으로 올라간다.
⋯▸ Too many cooks spoil the broth.
③ 가는 말이 고와야 오는 말이 곱다.
⋯▸ One ill word asks another.

우리말에서는 중요한 일을 함에 있어 안전을 강조할 때 ①과 같은 속담을 사용한다. 아무리 다리가 튼튼해 보여도 건너기 전에 확인을 한다는 의미다. 이 속담을 응용해서 "돌다리를 두드리고도 건너지 않는다"는 말로 한때 세계 최고의 프로기사였던 이창호 9단의 끈기와 엄청난 신중함을 표현하기도 했다.
영어 속담을 한국어로 번역하는 데 있어서도 다음 문장 ①과 ②의 번역 결과를 보면 정확성이 높음을 알 수 있다.

① Slow and steady wins the race.
⋯▸ 천천히 그리고 꾸준히 하는 자가 경주에 이긴다.
② Don't look a gift horse in the mouth.
⋯▸ 선물에 대해 함부로 말하지 마라.

숙어

숙어(idiom)는 두 개 이상의 단어가 합해져서, 각 단어의 직설적 의미가 아니라 비유적 의미로 사용되는 것을 말한다. 예를 들어, stand up은 stand와 up의 원래 의미를 각각 반영하여 '일어서다'라는 의미로 사용되기 때문에 숙어가 아니다. 그러나 give up은 give와 up의 기본적인 의미에서는 유추할 수 없는 '항복하다'라는 의미이기 때문에 숙어에 해당한다.

숙어의 의미는 구성하는 단어들의 의미를 합한 것과는 다르다. 예를 들어, 숙어 shot in the arm은 각 단어(shot, in, the arm)의 사전적 의미들을 합한 '팔에 주사를 맞았다'라는 의미가 아니라, '활력소'라는 비유적인 의미를 갖는다.

이처럼 숙어의 의미는 비유적이기 때문에 영어 학습자에게는 어려운 단어 하나를 외우는 것보다 이미 알고 있는 단어로 이루어진 숙어를 외우는 것이 더 어렵다. 게다가 문화적인 요소까지 가미되면 숙어는 더욱 어려워진다. 숙어를 구성하는 단어들을 보면 모두 아는 단어지만 숙어 자체의 의미는 모르는 경우가 매우 많다. 다음은 '손', '다리'처럼 우리 신체 일부분에 관한 단어들을 포함한 숙어들이다.

① He pulled my hand.
② He pulled my leg.
③ He put his hand in his mouth.
④ He put his foot in his mouth.

①은 숙어적 의미가 아니라 "그는 내 손을 잡아당겼다"라는 의미이다. 그러나 ②는 직설적으로는 "그는 내 발을 잡아당겼다"라는 의미지만, 실제로 pull one's leg은 '속이다'라는 숙어로 문장 전체의 의미는 "그는 나를 속였다"가 된다. 마찬가지로 ③은 "그는 자신의 손을 입에 넣었다"라는 의미다. 그러나 ④는 "그는 실언을 했다"라는 숙어적 의미이다. 문장 ②와 ④에 난이도가 높은 단어는 하나도 없지만 pull one's leg, put one's foot in one's mouth와 같은 숙어가 있어서 문장의 의미를 정확히 파악하기가 쉽지 않다.

신체 관련 어휘뿐만 아니라, 색깔 관련 어휘도 숙어에 자주 쓰인다. 다음은 blue가 포함된 숙어들이다. 이 숙어들을 다른 색으로 바꾸면 숙어적인 의미가 전혀 남아 있지 않게 된다.

① out of the blue (갑작스럽게)
② once in a blue moon (매우 드물게)

①의 숙어에서 색을 바꿔 out of the black과 같이 한다거나 ②를 once in a red moon과 같이 바꾸면 숙어적인 의미는 사라지고 무의미한 표현이 된다.

반어법

반어법(irony)은 실제 의미와 정반대를 의미하는 단어나 문장을 의미한다. 예를 들어, "잘 했다!"라는 말은 보통은 칭찬의 의미지만 상황에 따라서는 비난의 의미를 담을 수도 있다. 영어에서도 Good job!과 같은 말이 얼마든지 반대의 의미를 전달할 수도 있다. 따라서 문장의 범위 내에 한정되어 있는 번역기의 경우에 반어법이 포함된 문장은 정확한 번역을 기대하기가 불가능하다. 반어법과 비슷하지만, 역설법(paradox)은 번역상의 큰 문제를 일으키지는 않는다. 역설법이란 '작은 거인'처럼 하나의 어구에서 논리적으로 모순이 되는 단어들이 나열된 것이다.

※ **시적 허용** ※

시적 허용(poetic license)이란 의미상 또는 문법적으로 틀리는 표현도 문학작품에서 특별한 효과를 위하여 허용하는 것을 의미한다. 대표적으로 다음과 같은 의인화(personification)가 있다.

The night is still young.

"저녁(night)이 아직 젊다"라고 표현함으로써 '이른 저녁'이라는 것을 비유적으로 표현하고 있다. The night is still young은 대중가요 가사일 정도로 익숙한 표현이며 번역기에서도 "저녁이 아직 이르다"와 같이 정확하게 번역된다.

시적 허용의 또 다른 예로 공감각적 표현(synesthesia)이 있다. 공감각적 표현이란 '푸른 종소리'처럼 성격이 다른 '청각'과 '시각'이라는 두 개의 감각이 어울려 특별한 효과를 내는 것이다. 공감각적 표현은 실재하지 않는 것을 나타내는 것이기 때문에 받아들이는 입장에서 그 의미를 상상할 수밖에 없고 바로 이런 점에서 특별한 문학적 효과가 나오는 것이다. 영어에서 볼 수 있는 공감각적 표현으로는 sweet smells, loud colors 등이 있다.

※ **농담** ※

농담(joke)은 언어 자체는 물론이고 외국어 사용의 다양한 상황과 문화에 대한 이해를 필요로 하는 외국어 학습의 거의 마지막 단계라고 할 수 있다. 영어의 농담은 동음이의어를 활용한 농담(pun)이 가장 큰 비중을 차지하고 있으며 여기에서는 그 예를 두 가지만 살펴보자. 다음 대화에서 농담의 핵심 부분(punchline)은 어디일까(Barry, 2008)?

A: Why do you never get hungry in the desert?
B: Because of all the sand which is there.

B의 문장 중 sand which 부분은 sandwich와 동음이면서 동시에 대화의 맥락에서 아주 적절하게 두 가지 의미를 전달하고 있다. 순발력 있게 sand which를 sandwich로 바꾸어 생각하지 못하면 농담을 이해할 수 없다.

다음은 구조적 중의성(structural ambiguity)을 활용한 농담의 예이다. 어떤 두 가지 의미를 활용한 것인지 대화에서 농담 부분을 찾아보자(Denham & Lobeck, 2013).

A: Your dogs are chasing people on bikes.
B: That's ridiculous. My dogs don't even own bikes.

위 대화에서 A는 물론 '자전거를 탄 사람들(people on bikes)'을 개들이 쫓아가고 있다는 것을 의미한다. 그러나 A의 문장에서 '자전거를 타고(on bikes)' 개들이 사람들을 쫓아가고 있다는 의미로 구조적 중의성을 바탕으로 확대 해석할 수는 있다. B는 A가 말한 문장의 일반적인 의미보다는 구조적 중의성을 확대 해석한 두 번째 의미에 바탕을 두고 내 개들은 '자전거가 없다'라는 말로 답함으로써 농담의 효과를 내고 있다.

마지막으로, 다음의 대화에서도 농담의 핵심 부분을 찾아보자.

A: Why does the sun rise in the east?
B: Because the yeast makes things rise.

이 대화가 농담으로 이해되는 것은 yeast(이스트)와 east의 발음상의 유사성 및 문맥에 의한 의미의 유사성에 의한 것이다. 발음의 유사성에 의한 이러한 농담의 효과를 한국어를 비롯한 다른 언어로 그대로 옮기는 것은 거의 불가능할 것이다.

4. 언어 간의 화용론적 차이

어휘, 문법, 발음이 언어마다 다르듯 화용론도 언어마다 다르다. 한국어와 영어 사이에 직역을 할 경우, 의미가 어색해 지거나 뜻이 통하지 않는 것도 화용론적 차이에 의한 것이 많다. 한국어에서는 직장에서 먼저 퇴근하면서 남아 있는 동료에게 "수고해"라는 말을 흔히 한다. 같은 상황에서 영어로는 "Don't work too hard"라고 말한다. 만약에 "수고해"라는 말을 직역하여 "Work hard!"라고 말한다면 듣는 사람은 무슨 생각을 하게 될까?

필자는 유학시절에 한 대형마트에서 유명한 음성학자인 한 교수님을 우연히 만났다. 놀랍기도 하고 반갑기도 하여 얼떨결에 What are you doing here?라는 질문을 하니 교수님은 Shopping이라고 대답하여 매우 짧고 어색한 대화가 마무리되었다. 각 언어마다 상황에 적절한 문장을 말하는 것은 올바른 어휘, 문법, 발음만으로는 가능하지 않다. 언어가 속한 문화에 대해 알고 있어야 언어적으로 정확하고 화용론적으로 적절한 대화가 가능하다.

Barry(2008)는 언어마다 다른 몇 가지 화용론적 차이에 대해 영어를 중심으로 설명하고 있다. 다음에 언급하는 점은 언어 문화권에 따른 일반적인 상황을 가정한 것이기 때문에 개인 차이는 분명 있을 것이다. 첫째, 친구 사이에 부탁을 들어주었을 때 다른 언어들과는 달리 영어 사용 환경에서는 아무리 친한 친구라고 해도 반드시 감사를 표시해야 한다. 둘째, 모르는 사람과 부딪혔을 때 미안하다는 표현을 하는 정도도 언어마다 다르다고 한다. 영어에서는 Excuse me를 자주 사용한다. 상대방과 반대 의견을 표현하는 경우에 영어에서는 너무 직접적인 표현보다는 I agree with you but...과 같이 상황을 부드럽게 하는 표현으로 시작한다. 셋째, 상대방이 재채기를 하였을 때, 우리 문화권에서는 특별한 언어적 반응을 보이지 않지만 영어에서는 God bless you!라고 말하며, 독일어에서는 '건강'이라는 의미로 '게준트하이트(Gesundheit)'라고 말한다.

마지막으로 언급된 언어 간의 화용적 차이는 존대법(honorifics)을 사용하는 정도이다. 잘 알려진 바와 같이 존대법은 영어와 한국어의 대표적인 차이 중의 하나이다. 영어에서 대화 상대방을 대명사로 지칭하는 방법은 미국의 대통령이든 자신과 정말 친한 친구이든 간에 오직 you밖에 없다. 그러나 한국어에서는 '너', '당신' 등 다양한 어휘가 있다. Barry(2008: 150)는 존대법에 대해 다음과 같이 언급한다.

> Other languages have a complicated system of **honorifics**, by which words are marked to signal various levels of respect. Korean, for example, has six different suffixes that signal the speaker's relationship to the addressee.

위의 설명에서 존대법을 사용하는 언어의 예로 나올 만큼 한국어는 존대법의 체계가 복잡한 것으로 유명하다. Barry(2008)는 한국어에서는 접미사의 차이에 의해 존대의 정도를 6가지로 나눈다고 언급한다.

앞서 언급한 것처럼 영어에서는 대화의 상대방을 지칭하는 단어는 you 밖에 없다. 그러나 독일어에는 영어의 you에 해당하는 단어가 두 가지 있다. 존칭을 해야 할 상황에서는 Sie, 보통의 경우에는 du를 사용한다. Sie는 대문자로 시작하고 du는 소문자로 시작하는 것이 다를 뿐만 아니라 다음에서 볼 수 있듯이 동사의 형태도 달라진다.

① Do you like baseball?
② Magst du Baseball?
③ Mögen Sie Baseball?

영어에서 '야구를 좋아하는지' 묻기 위해서는 상대방과의 사회적 상하관계에 상관없이 문장 ①과 같이 묻는다. (물론 영어에서도 문형을 복잡하고 길게 만들어 May I ask if you like baseball?과 같이 다른 방식으로 질문을 할 수는 있으나, 이는 문장의 구조를 바꾸는 것으로 여기에서는 논외로 한다.) 반면에 독일어에서는 문장 ②와 ③의 차이에서 볼 수 있듯이 존대법 문장으로 바뀌면서 주어가 du에서 Sie로 바뀌고 동시에 동사의 형태도 Magst에서 Mögen으로 바뀐다.

영어와 한국어의 존대법 차이는 앞서 살펴본 영어와 독일어의 존대법의 차이보다도 훨씬 더 크다. 이와 같은 존대법 사용 정도의 차이를 감안하면 영한 자동번역에서 유의해야 할 점은 매우 많을 것이다. 일례로 Pass me the salt와 같이 간단한 문장도 "소금 좀", "소금 좀 줄래요?", "소금 좀 건네주시겠습니까?" 등 대화 참여자의 사회적 관계를 고려해야만 정확한 한국어로의 번역이 가능할 것이다. 대화의 상황에서 벗어나 문장만을 번역하면 무례하거나 아니면 너무 공손한 번역이 될 수 있다. 또한 영어 논문 초

록을 한국어의 존대말로 번역되는 것은 매우 어색하다.

번역의 결과물이 한국어가 아닌 영어인 경우에도 존대법에 대해 감안해야 할 점이 있다. 한국어 원문의 의미와 상황을 반영하여, 예를 들어 Pass me the salt라고 번역해야 할지 아니면 Pass me the salt, please라고 해야 할지의 선택도 중요할 것이다.

번역은 단순히 두 언어의 언어적 의미만을 옮기는 것이 아니라, 언어 간의 문화적, 화용적 차이를 감안해야 하며 특히 존대법의 차이를 감안해야 한다. 이처럼 번역에 있어서는 두 언어의 언어내적 차이뿐만 아니라 언어 외적으로도 감안해야 할 차이가 대단히 많음을 알 수 있다.

Review

다음 용어를 간단히 설명하시오.

- [ ] adjacency pair
- [ ] deixis
- [ ] discourse
- [ ] honorifics
- [ ] irony / paradox
- [ ] linguistic context / situational context
- [ ] literal meaning / figurative meaning
- [ ] simile / metaphor
- [ ] synesthesia
- [ ] text / context

7
발음 이야기

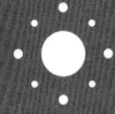

Super salad?

Super salad? 이런 문장을 들어 본 적이 있나요? 이와 같이 질문하는 상황은 거의 없겠지요? 실제로는 세 단어(Soup or salad?)인데 연음규칙에 의해 두 단어처럼 들린 것입니다.

제7장에서는 다음과 같은 순서로 '발음'에 대해 이야기해 보고자 합니다.

1. 음성학과 음운론
2. 영어의 자음과 음소배열 규칙
3. 음성인식
4. 음성합성

1. 음성학과 음운론

언어학의 분야 중에서 발음과 관련된 분야에는 음성학(phonetics)과 음운론(phonology)이 있다. 둘 다 '말소리'에 관한 분야라는 것은 이름에 잘 나타나 있다. 한국어 명칭에는 소리 '음'자가 공통으로 있으며, 영어 이름에는 '소리'를 의미하는 phon이 공통으로 있다. 이와 같이 음성학과 음운론은 언어의 소리를 다룬다는 점에서 공통점이 많고 이론적으로 구분이 애매할 수 있다.

전상범(1985)은 음성학을 '말소리의 물리학', 음운론을 '말소리의 심리학'으로 구분하여 차이점에 대해 간결하게 설명하고 있다. 물리학은 실험 장비가 필요하듯이 음성학에서는 음성분석을 위한 도구가 필요한 반면에, 음운론은 주로 특정 언어의 발음에 대한 이론적 분석을 위주로 한다. 물론 두 분야의 경계가 물리학과 심리학으로 나누는 것만큼 뚜렷하지는 않다. 일례로 언어학자 중에는 음성학과 음운론 두 분야를 전공하는 사람도 많다. 그러나 물리학과 심리학을 같이 전공하는 사람은 찾기 힘들 것이다.

음성학

음성학자들은 개별언어의 발음보다는 언어의 발음 자체를 분석하는 데 관심이 많다. 음성학의 주요 연구 대상 중의 하나가 말소리가 만들어지는 방식이다. 예를 들어, Rickerson과 Hilton(2012)에 의하면 전 세계의 언어에는 자음이 약 600개, 모음이 약 200개 있다고 한다. (영어 자음 24개와 모음 14개는 여기에 포함된다.) 또한 전 세계 98%의 언어에는 가장 기본적인 자음인 /p, t, k/가 모두 있지만, 특이하게 하와이어에는 /t/가 없다고 한다. 이처럼 음성학은 특정 언어의 발음만을 연구하는 것보다는 보편적인 언어의 발음 현상에 대해 연구한다.

1888년 창립된 국제음성학회(International Phonetic Association)는 전 세계 언어의 발음에 나타나는 공통점과 차이점을 연구하여 국제음성부호 (IPA: International Phonetic Alphabet)를 만들었다. 국제음성부호에 있는 발음기호들은 한국어와 영어의 자음과 모음을 비롯하여, 전 세계의 모든 말소리를 포함하고 있어서 언어 간의 발음을 체계적으로 비교할 수 있게 해준다. 예를 들어, 한국어의 '으'와 같이 영어를 비롯한 다른 언어에서는 거의 찾기 힘든 모음도 포함되어 있다.

음성학은 크게 세 분야로 나누어진다. 첫째, 조음음성학(articulatory phonetics)은 말소리가 구강에서 만들어지는 방식을 연구하는 것으로서 음성학 분야 중에서 가장 오래됐다. 최근 비약적으로 발전하고 있는 음성합성(speech synthesis)의 기초가 되는 것이 조음음성학이라고 할 수 있다. 다음 그림은 영어 자음 /l/과 /r/이 발음되는 구강의 모양을 나타낸 것이다. /l/을 발음할 때에는 혀끝이 윗잇몸에 닿아 있는 반면에, /r/을 발음할 때에는 혀가 굽혀진 상태로 입천장을 향하고 있음을 볼 수 있다. 이와 같이 말소리가 발음되는 방식을 서술하는 것이 조음음성학이다(윤여범, 2002: 47).

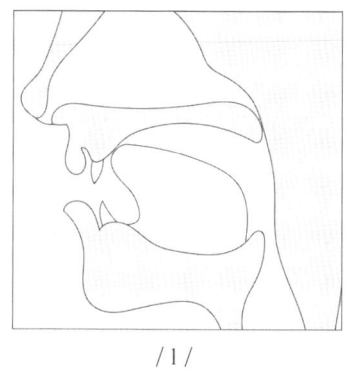 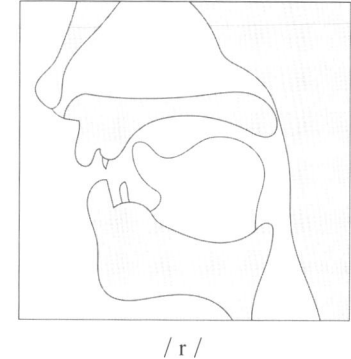

/ l / 　　　　　　　　　　　/ r /

둘째, 음향음성학(acoustic phonetics)은 화자가 발화한 말소리를 공기 중의 음파의 형태로 연구하는 것이다. 다음 그림은 음성분석 프로그램 프라트(praat)를 사용해서 student의 발음을 스펙트로그램(spectrogram)으로 나타낸 것이다.

이 그림에는 stu와 dent의 음의 길이, 크기, 높이 등이 나타나고 있어 강세라는 발음 현상을 시각적으로 분석할 수 있게 해준다. 음향음성학은 음향분석 프로그램 등 조음음성학보다 더 많은 실험 장비가 필요한 분야이며 최근 인공지능의 발달과 함께 부각되고 있는 음성인식(speech recognition)과 관련이 깊은 분야이다.

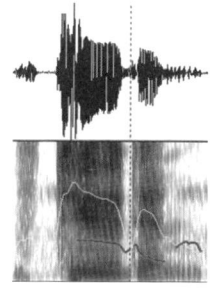

셋째, 청각음성학(auditory phonetics)은 말소리가 청자의 귀에서 이해되는 과정을 연구하는 분야이다. 일반적으로 청각음성학을 제외하고, 조음음성학과 음향음성학을 언어학의 연구 분야로 간주한다.

〃 음운론 〃

앞서 살펴본 바와 같이, 음성학은 조음음성학, 음향음성학에서와 같이 보편적인 언어의 발음 자체에 관한 연구에 초점을 두고 있다. 반면에 음운론은 다음의 정의에(Barry, 2008: 39)에서 볼 수 있는 것처럼, 한 언어에 있는 말소리들의 관계를 연구 대상으로 한다.

> Phonology of a language deals with relationships among sounds either as separate phonemes or allophones of the same phoneme.

위 정의에 나온 음운론의 연구 대상인 말소리에는 음소(phoneme)와 이음(allophone)이 있다. 간단히 말해, 음소는 사전에서 볼 수 있는 '발음기호'에 해당한다. 예를 들어, 자음 음소 /t/는 cat와 stand의 철자 ⟨t⟩의 발음을 표기한 것이다. 그런데, cat의 /t/와 stand의 /t/ 발음은 약간 다르다. 이음은 하나의 음소가 환경에 따라 실제로는 다르게 발음되는 것으로 하나의 발음기호를 '세분화'한 것이다. 즉 cat와 stand의 /t/는 동일한 음소이지만, 실제로는 각각 한국어 자음의 [ㄷ]에 가까운 [t⁻], [ㄸ]에 가까운 [tº]로 발음되는 미세한 차이가 있다. 이때 [t⁻]와 [tº]를 음소 /t/의 이음이라고 한다.

음성학으로부터 음운론을 구별해주는 핵심 단어는 음의 체계(system) 또는 패턴(pattern)이라고 할 수 있다. 김진우(1985: 83)는 음운론에 대해 다음과 같이 정의한다.

> 피아노 건반의 아무런 키이(key)를 아무렇게 두들겨도 선율이 되지 않는 것처럼, 아무 말소리를 아무렇게나 낸다고 해서 말이 되는 것이 아니다. 노래가락에 구조가 있는 것처럼 '말가락'에도 체계가 있다. 말소리의

체계, 이것이 음운론이다.

여러분은 pote를 어떻게 발음할 것인가? 물론 pote는 무의미 단어이기 때문에 정해진 발음은 없다. 그러나 대부분의 영어 화자는 note, vote와 같은 단어가 발음되는 방식으로부터 유추하여 /powt/와 같이 발음할 것이다. 아마도 /potɛ/처럼 발음하는 사람은 거의 없을 것이다. 이처럼 pote를 /potɛ/가 아닌 /powt/처럼 발음하게 하는 것도 영어에 대한 음운론적 지식이라고 할 수 있다(Barry, 2008: 36).

앞서 살펴본 음성학이 자연 현상으로 존재하는 말소리에 대한 언어 보편적 연구였다면, 음운론은 특정 언어의 말소리를 주요 연구 대상으로 한다. Crystal(1991: 261)은 음운론의 연구 분야에 대해 다음과 같이 언급한다.

> Phonology is concerned with the range and function of sounds in specific languages, and with the rules which can be written to show the types of phonetic relationships that relate and contrast words and other linguistic units.

위 설명에 의하면 음운론의 연구 대상은 특정 언어에 나타나는 말소리의 종류, 기능, 발음규칙 등이다. 따라서 영어와 한국어 발음의 종류와 규칙 등을 비교하기 위해서는 음성학보다는 음운론에 대한 지식이 더 필요하다. 영어와 한국어 발음의 음운론적 차이 중 대표적인 두 가지만 간단히 살펴보자.

첫째, 영어와 한국어는 음소(phoneme)를 배열하는 방식에 있어 큰 차이가 있다. 음소배열 규칙(phonotactics)에 있어 영어와 한국어의 대표적인 차이는 한 음절 내에 자음이 연속적으로 나올 수 있는가의 여부이다. 한국어에서는 한 음절 내에서 자음이 연속 나올 수 없다. 철자로는 '값'과 같이 자음이 연속 나오는 것이 가능해 보인다. 그러나 '값'의 〈ㅂㅅ〉은 철자일 뿐 〈ㅅ〉이 묵음이기 때문에 실제 발음은 /ㅂ/로 된다. 한국어와는 대조적으로 영어는 두 개의 자음이 연속 나타나는 단어가 무수히 많으며, strong과 같이 3개의 자음이 연이어 나올 수도 있다. 이와 같은 음소배열 규칙에 대한 지식은 음성인식에 도움이 된다.

둘째, 영어와 한국어는 음운규칙(phonological rule)에 있어서도 큰 차이를 보인다. 한국어의 대표적인 음운규칙 두 가지는 다음과 같다.

① 국민 ⋯▶ 궁민
② 물고기 ⋯▶ 물꼬기

①은 비음동화라고 부르며 /ㅁ/의 영향으로 인해 /ㄱ/이 /ㅇ/으로 바뀌는 규칙이다. ②는 경음화 또는 된소리 규칙이다. ①과 ②는 영어에 없는 규칙이기 때문에 영어 발음을 할 때에는 최대한 억제해야 한다. 예를 들어, 비음동화의 영향으로 big man을 bing man처럼 발음할 수도 있으며, 경음화를 적용하여 game을 발음할 때 첫소리를 /ㄲ/처럼 발음할 수도 있으므로 유의해야 한다. 영어 발음을 정확하게 하기 위해서는 모국어인 한국어의 발음 습관으로부터 벗어나야 한다.

2. 영어의 자음과 음소배열 규칙

영어 발음은 분절음(segment)과 초분절음(suprasegment), 크게 두 가지로 나눌 수 있다. 분절음은 '나눌 수 있는 소리'라는 의미이며 자음과 모음이 해당된다. 예를 들어, can은 3개의 분절음 /k, æ, n/으로 구성되어 있으며 /k, n/이 자음이고 /æ/가 모음이다. 이처럼 분절음은 철자에 반영되어 있으며 수를 셀 수 있다.

초분절음은 '나눌 수 없는 소리'라는 의미이며 강세와 억양이 포함된다. 예를 들어, pencil의 강세는 1음절에 있는데 이는 철자로 나타나 있지 않다. 또한 문장의 유형에 따른 억양 차이로 인해, It's my pencil의 pencil과 Is this your pencil?의 pencil은 발음이 다른데 이러한 억양의 차이도 철자에 반영되어 있지 않다.

영어의 자음

자음(consonant)은 공기의 흐름이 구강의 특정 위치에서 방해를 받으면서 발음된다. 영어에는 24개의 자음이 있으며, 다음 표에서 보는 바와 같이 (1) 조음위치, (2) 조음방법으로 분류할 수 있다. 또한 일부 자음은 (3) 유무성에 의한 분류 기준이 추가된다(윤여범, 서진아, 2017: 148).

조음방법	조음위치						
	양순음	순치음	치간음	치경음	구개음	연구개음	성문음
파열음	p, b			t, d		k, g	
마찰음		f, v	θ, ð	s, z	ʃ, ʒ		h
파찰음					tʃ, dʒ		
비음	m			n		ŋ	
유음				l	r		
활음	w				y		

조음위치(place of articulation)는 공기의 흐름이 저항을 받는 구강의 위

치를 의미한다. 구강 가장 바깥의 양순음(bilabial)부터 가장 안쪽의 성문음(glottal)에 이르기까지 7개의 조음위치가 있다. 순치음(labiodental)은 윗니와 아랫입술에서 공기의 마찰을 일으키며 발음되고, 치간음(interdental)은 윗니와 아랫니 사이에서 발생하는 마찰음이다. 한국어에는 순치음과 치간음이 없다. (영어 자음의 조음위치와 조음방법에 의한 자세한 분류는 [윤여범, 서진아, 2017] 참고.)

치경음(alveolar)은 잇몸소리라고 하며 다양한 종류의 자음이 있다. 영어에는 4종류의 자음 즉, 파열음 /t, d/, 마찰음 /s, z/, 비음 /n/, 유음 /l/이 있으며, 한국어에도 이 4종류의 자음 파열음 /ㄷ, ㄸ, ㅌ/, 마찰음 /ㅅ, ㅆ/, 비음 /ㄴ/, 유음 /ㄹ/이 모두 있다. 구개음(palatal)은 입천장소리라고 하며 연구개음(velar)은 구개음보다 더 안쪽에서 발음되는 부드러운 입천장소리이다.

조음방법(manner of articulation)은 공기의 흐름이 구강에서 저항을 받는 방식을 의미한다. 파열음(plosive)은 공기의 흐름이 완전 차단된 다음, 일시적으로 파열되는 자음이다. 반면에 마찰음(fricative)은 공기가 마찰을 일으키며 발음되는 자음이다. 파찰음(affricate)은 파열음과 마찰음의 특징이 섞여 있는 자음이다. 파열음, 마찰음, 파찰음은 공기의 흐름이 많은 저항을 받기 때문에 저해음(obstruent)이라고 불린다. 저해음에는 무성음과 유성음의 구별이 있으며 음성학에서는 일반적으로 무성음을 앞에 표시한다. 예를 들어, /p, b/ 중 /p/가 무성음, /b/가 유성음이다.

비음(nasal), 유음(liquid), 활음(glide)은 공기의 저항이 상대적으로 적으며 공명음(sonorant)이라고 부른다. 공명음은 유무성의 구별이 없이 모두 유성음이다. 비음 /m, n, ŋ/은 공기가 구강과 비강으로 동시에 나가며 발음되고, 유음 /l, r/은 발음의 청각적 인상이 부드럽다는 점에 착안한 이름이다. 활음 /w, y/는 자음으로 분류되어 있지만 모음의 성격도 가지고 있을 정도로 공기의 저항이 거의 없이 발음된다.

영어 자음은 조음방법을 기준으로 크게 두 가지, 즉, 공기의 흐름이 저항을 받는 전형적인 자음인 저해음과 공기의 흐름이 비교적 자유로운 공명음으로 나눌 수 있다. 영어의 음절 초에 자음이 두 개 연속 나올 때 첫 자음이 저해음, 두 번째 자음이 공명음으로 배치되는 경향이 있다. 예를 들어, play, tree, small을 보면 첫 자음은 각각 /p, t, s/로서 저해음이고, 두 번째 자음은 각각 /l, r, m/으로서 공명음이다. 즉, /pl/, /tr/, /sm/은 영어의 음절 초에서 허용되는 결합형이지만, 이 자음의 순서를 바꾼 /lp/, /rt/, /ms/는 허용되지 않는다.

영어 자음의 음성인식에 있어 통계적 접근법은 효율적으로 사용될 수 있다(Fromkin et al, 2011). 예를 들어, 초성 자음이 /b/ 또는 /v/인지 구별이 애매한 경우, 뒤따르는 발음이 /ɛd/라면 /bɛd/로 발음되는 단어는 있지만, /vɛd/로 발음되는 단어가 없기 때문에 초성이 /b/임을 쉽게 예측할 수 있다. 반면에 뒤따르는 발음이 /ɛt/라면 /bɛt/와 /vɛt/로 발음되는 단어가 둘 다 있기 때문에 /b/와 /v/의 구별은 통계적 접근법만으로는 불가능하다. 이 경우에는 단어 단계를 넘어서 문장의 구조에 대한 정보가 필요하다. 예를 들어, 문장 He's a __et처럼 마지막 단어의 초성이 /b/와 /v/인지 잘 구분되지 않을 때, He's a bet이라는 문장은 성립하지 않기 때문에 초성 자음은 음성적 단서 없이도 문장 구조상으로 /v/임을 예측할 수 있다.

▧ 음소배열 규칙 ▧

음소배열 규칙(phonotactics)이란 앞서 살펴본 자음과 모음이 한 음절 내에서 배열되는 순서를 정한 것으로서, 언어마다 큰 차이가 있다. 예를 들어, 에스키모어에서는 단어가 /tl/로 시작할 수 있지만(Barry, 2008: 39), 영어에서는 /tl/로 시작하는 단어는 없고 settle처럼 단어 중간에서만 볼 수 있다. 이처럼 영어와 에스키모어는 /t/와 /l/이 개별 자음으로 존재한다는 것은 공통점이지만 이 두 자음이 단어 내에서 배열되는 방식에서는 차이를 보인다. 또한 영어에서는 /sp/로 단어를 시작할 수 있지만 스페인어에서는 /sp/로 단어를 시작할 수 없기 때문에 España처럼 /sp/ 앞에 모음 /ɛ/를 추가한다. 이처럼 영어와 스페인어에는 /s/와 /p/가 개별적인 자음으로 존재하는 공통점이 있지만, /s/와 /p/를 배열하는 방식에 있어서는 차이가 있다.

영어(24개)는 한국어(19개)에 비해 자음의 수도 많지만 자음을 배열하는 방식은 훨씬 더 다양하다. 음소배열 규칙에 있어 영어와 한국어의 가장 대표적인 차이는 자음군(consonant cluster)의 허용 여부라고 할 수 있다. 자음군이란 자음이 한 음절 내에서 연속 나오는 것으로 한국어에서는 전혀 허용되지 않는 반면에, 영어에는 무수히 많은 종류가 있다.

한국어의 음소배열 규칙

한국어의 자음 19개를 조음방법의 종류별로 분류하면 다음과 같다.

    파열음: /ㅂ, ㅃ, ㅍ, ㄷ, ㄸ, ㅌ, ㄱ, ㄲ, ㅋ/
    마찰음: /ㅅ, ㅆ, ㅎ/
    파찰음: /ㅈ, ㅉ, ㅊ/
    비음: /ㅁ, ㄴ, ㅇ/
    유음: /ㄹ/

위 19개의 자음 중에서 음절의 초성으로 올 수 없는 것은 비음 /ㅇ/이

유일하다. 비음 /ㅇ/은 영어 발음기호로는 /ŋ/에 해당하는 것으로 영어에서도 음절의 초성이 되지 못한다. 한국어의 음소배열 규칙에는 다음 두 가지가 중요하다.

① 자음군을 허용하지 않음
② 음절의 종성에는 7가지 자음만 가능함

첫째, 한국어 음절에서는 어떤 경우에도 자음이 연이어 나올 수 없다. 다음과 같은 단어에서 자음이 두 개 연속 있는 것은 철자일 뿐 발음은 둘 중 하나만 된다.

〈값, 흙, 삶〉 ⋯→ /갑, 흑, 삼/

둘째, 전체 자음 19개 중에서 음절의 종성에 올 수 있는 자음은 다음의 7가지뿐이다. '가나다' 순서로 배열된 자음 철자 중 /ㅅ/을 제외한 첫 7글자이다.

/ㄱ, ㄴ, ㄷ, ㄹ, ㅁ, ㅂ, ㅇ/

이를 음절의 '끝소리 규칙' 또는 '종성법칙'이라고 한다. 종성법칙에 있어서도 철자와 발음을 구별할 필요가 있다. 예를 들어, '옷', '갓' 등에서 볼 수 있는 〈ㅅ〉의 실제 발음은 /ㄷ/이다. 이처럼 한국어의 음절말에는 /s/가 올 수 없기 때문에, 한국인은 bus를 한 음절로 발음하지 못하고 /버스/처럼 음절의 수를 늘려서 발음하는 경향이 강하다.

영어의 음소배열 규칙

앞서 말한 것처럼, 영어는 한국어에 비해 자음의 수도 더 많을 뿐만 아니라 자음을 배열하는 방식도 매우 다양하다. 따라서 한국인이 영어 자음을 발음할 때 어려움을 겪는 것은 단지 영어 자음 자체의 어려움 때문만이 아니라, 한국어에서는 전혀 허용되지 않는 자음의 조합이 영어에서는 매우 다양하게 나타나기 때문이기도 하다.

영어는 자음군을 매우 다양하게 허용한다. 초성에는 3개 종성에는 4개까지 자음이 연속으로 나올 수 있어서 한국어를 포함한 다른 언어들에 비해 음절의 구조가 매우 복잡하다. 자음을 C(consonant), 모음을 V(vowel)로 표기하면 영어의 최대음절(maximal syllable)은 다음과 같다.

CCCVCCCC

영어의 음소배열 규칙은 초성에 관한 규칙이 종성에 관한 규칙보다 더 엄격하게 지켜진다. 종성의 경우, 발음의 속도에 따라 자음이 생략되거나 추가되기도 한다. 여기에서는 초성에 관한 음소배열 규칙을 살펴보자. 음절의 초성 자음이 3개 연속 배열되는 순서는 다음과 같다.

C1: /s/
C2: /p, t, k/
C3: /l, r, w, y/

첫 자음은 반드시 /s/여야 하며, 두 번째 자음은 /p, t, k/ 중의 하나여야 하고, 세 번째 자음은 /l, r, w, y/ 중의 하나여야 한다. 이와 같은 음소배열 규칙을 지키는 단어의 예로 spring, street, screen을 들 수 있다.

음절의 초성이 2개 연속되는 자음군은 훨씬 더 다양하다. 첫 자음(C1)이 /s/인 경우에, 다음과 같은 조합이 가능하다.

C1: /s/
C2: /p, t, k, m, n, l, r, w, y/

이와 같은 음소배열 규칙은 통계적이고 효율적인 음성인식을 가능하게 해준다. 예를 들어, 앞 자음이 /s/면 뒤따르는 파열음은 반드시 무성음인 것을 예측할 수 있다. 가령 /p/와 /b/는 음성적으로 매우 유사하여 구분하기 애매한 경우가 있지만, 앞 자음이 /s/라는 정보만 확인되면 뒤따르는 자음은 /p/라는 것을 예상할 수 있다.

다음과 같이 첫 자음(C1)이 파열음이면 둘째 자음(C2)에는 유음이 올 수 있다.

C1: /p, b, t, d, k, g/
C2: /l, r/

위의 조합은 /pl, pr, bl, br, tr, dr, kl, kr, gl, gr/과 같은 다양한 음절 초의 자음군을 만든다. 예외적으로 /tl, dl/의 조합만 허용되지 않는다. 이와 같은 음소배열 규칙은 음성인식에 있어 /l/과 /r/의 구별을 용이하게 해준다. 예를 들어, 앞 자음이 /p/인 경우에는 play, pray가 모두 가능하기 때문에 앞 자음에 대한 /l/과 /r/을 구별하는 데 도움을 주지 않지만, 앞 자음이 /t/면 뒤따르는 자음은 /r/일 수밖에 없음을 예측할 수 있게 해준다. 이처럼 음소배열 규칙은 음성인식에 있어 통계적 접근법을 가능하게 해준다.

3. 음성인식

최근 자연어처리(NLP: Natural Language Processing)가 인공지능의 주요 분야로 부각되고 있다. 자연어처리가 중요한 만큼, 인공지능 시대에 있어 언어학은 매우 큰 역할을 하고 있다. 자연어처리란 인간의 언어를 컴퓨터가 분석하고 이해하며 생성하는 과정을 포괄적으로 의미한다. 앞서 살펴보았듯이 인공지능이 한 언어를 이해한다는 것은 그 언어의 단어, 문법, 화용론 등 많은 것을 이해해야 하는 복잡한 과정이다. 번역기는 한 언어의 의미를 이해하여 다른 언어로 바꾸는 역할을 하는데, 일반적으로 번역은 한 언어의 문자언어를 다른 언어의 문자언어로 옮기는 과정으로 이해되어 왔다. 그러나 최근 음성인식 등 인공지능 분야의 관련된 기술의 비약적인 발전으로 번역기에 있어서도 음성언어의 번역이 대부분 가능해졌다.

인공지능 시대의 자연어처리와 관련된 음성학과 음운론의 역할은 다음과 같이 두 분야로 나눌 수 있다.

① 음성인식: STT (speech-to-text)
② 음성합성: TTS (text-to-speech)

음성인식(speech recognition)은 발음을 이해하여 텍스트로 전환하는 과정이다. 인공지능의 발전은 컴퓨터의 음성인식을 인간이 음성을 인식하는 과정과 점점 더 유사하게 만들고 있다. 음성합성(speech synthesis)은 음인식과 정반대의 방향으로 진행된다. 주어진 텍스트를 발음으로 생성하는 것이다.

먼저 컴퓨터의 음성인식에 대해 알아보자. 외국어 학습에서 우리가 느끼는 듣기의 어려움을 생각해 보면 최근의 각종 챗봇 및 번역기 등에 내장된 음성인식 능력은 실로 대단한 것이다. 그러나 인공지능의 음성인식 능력에는 아직까지 많은 한계가 있는 것이 사실이다. 음성인식의 어려움은 다음과 같이 '분리의 문제'와 '불변성의 부족 문제' 두 가지로 나눌 수 있다 (Fromkin et al, 2011).

분리의 문제

문자언어와 음성언어, 즉 글과 말에는 한 가지 중요한 차이가 있다. 글에는 단어 간의 경계선이 뚜렷하지만 말에는 단어 간의 경계선이 거의 없다. 이러한 음성인식의 어려움에 대해 Fromkin et al(2011: 379)은 다음과 같이 언급한다.

> Speech is a continuous signal. In natural speech, sounds overlap and influence each other, and yet listeners have the impression that they are hearing discrete units such as words, morphemes, syllables, and phonemes.

문자언어와는 달리 음성언어로서의 외국어를 알아듣기 위해서는 소리를 의미 단위로 나누어야 하는 어려움이 있다. 이를 분리의 문제(segmentation problem)라고 한다. 언어를 이해하기 위한 첫 단계는 소리를 분리하는 것부터 시작한다. Speech is a continuous signal이라는 문장이 다음과 같이 단어 사이의 간격 없이 영어, 독일어, 스페인어로 적혀 있는 것을 비교해 보자.

 ① 영어: Speechisacontinuoussignal.
 ② 독일어: SprechensteinkontinuierlichesSignal.
 ③ 스페인어: Eldiscursoesunaseñalcontinua.

 필자를 포함하여 거의 대부분의 독자는 위 세 개의 언어 중에서 영어가 가장 친숙할 것이다. 문장 ①을 띄어쓰기가 되어 있는 문장처럼 편하게 읽을 수는 없다. 그러나 영어에 대한 지식이 있으면 문장 ①을 단어로 나눌 수 있고 문장 전체의 의미를 이해할 수 있다. 이처럼 주어진 입력을 의미의 단위로 나눌 수 있는 것이 이해의 시작이라고 할 수 있다.
 ②번 독일어 문장에는 Signal과 같이 영어와 유사한 단어들이 있어서 어느 정도는 단어로 나눌 수 있을 것 같지만 독일어 실력이 충분하지 않으면 정확히 나눌 수 없다. 문장 ③을 보면 스페인어는 독일어보다 단어로 나누기가 더 어려워 보인다.
 띄어쓰기가 되어 있지 않은 문장 ①, ②, ③을 단어로 분리(segmentation)하기 어려운 것과 유사한 현상이, 영어를 알아들으려고 하는 과정에서도 발생한다. 영어에는 연음규칙(linking)이 있어서 인접한 단어들끼리 묶여서 발음되는 것이 매우 흔하다. 영어의 연음 현상에 대해 Bryson(2013: 138)은 "음절, 단어, 문장은 마치 비 맞은 수채화처럼 그야말로 줄줄이 함께 흐른다"와 같이 비유적으로 표현했다.
 다음의 예를 보면 두 어구는 연음으로 인해 거의 같은 발음으로 들린다.

  might rain = my train

grade A = grey day

that's tough = that stuff

위 어구들은 발음이 매우 유사해도 문맥으로 충분히 구별 가능하다. 가령, It's cloudy. It might rain을 It's cloudy. It my train과 같이 들을 사람은 없을 것이다. 인간은 말소리 하나씩을 들음과 동시에 문장 전체의 맥락을 함께 감안하기 때문이다. 전자를 상향식 듣기(bottom-up listening), 후자를 하향식 듣기(top-down listening)라고 한다.

전체적인 문장 구조를 파악하는 하향식 듣기 능력 없이, 상향식 듣기의 방식으로 언어 입력만을 알아들을 수 있는 받아쓰기 컴퓨터(dictation computer)는 다음과 같이 문장을 소리 나는 대로 틀리게 받아 적을 수 있다.

① Fits ready let's go.

② My correct?

①은 If it's ready, let's go를 받아 적은 것이다. If와 it's 사이에 연음이 일어남과 동시에 If의 I는 생략되어 Fits처럼 들린 것이다. ②번 문장은 Am I right?를 소리 나는 대로 적은 것이다. Am과 I 사이에 연음과 생략이 일어나서 My처럼 들린 것이다.

컴퓨터가 정확한 음성인식을 하기 위해서는 소리를 정확히 인지(perception)하는 것뿐만 아니라, 정확히 이해(comprehension)하는 것이 필요하다. 즉 인간이 언어를 이해하는 것과 같이 언어 자체에 대한 지식을 활용하는 상향식 이해뿐만 아니라, 배경지식을 활용하는 하향식 이해가 필요하다.

불변성의 부족 문제

우리가 동일하다고 생각하고 듣는 발음들이 사실은 일정하지 않다. 예를 들어, tiger의 /t/와 stop의 /t/는 다른 발음이다. 이처럼 /t/ 발음이 일정하지 않고 달라지는 현상을 음성학에서는 불변성의 부족 문제(lack of invariance problem)라고 한다. 말소리는 변화하지 않고 일정하게 발음되는 불변성이 있어야 음성인식에 도움이 된다. 그러나 불변성이 없기 때문에, 즉 말소리는 변화가 심하기 때문에 음성인식에 어려움을 야기한다.

영어 자음 중에 가장 변화가 심한 자음은 /t/이다. /t/는 적어도 다음 여섯 종류로 발음된다.

① tiger
② stop
③ cat
④ tree
⑤ water
⑥ curtain

①~⑥ 단어에 있는 /t/ 발음은 각각 한국어의 /ㅌ, ㄸ, ㄷ, ㅊ, ㄹ, ㅎ/처럼 들릴 정도로 사실상 매우 다른 발음이다. 그러나 영어 화자들은 이렇게 다른 발음을 모두 /t/라고 생각한다. 이처럼 서로 다른 /t/의 발음을 하나의 /t/로 간주할 때 이를 음소(phoneme)라고 하며 단어마다 다르게 실현되는 발음을 이음(allophone)이라고 한다. 예를 들어, 음소 /t/에는 다음과 같은 이음이 있다.

음소	이름	위치	단어의 예
/t/	[tʰ]	음절 초	tiger, time, tell
	[tº]	/s/ 뒤	stop, stay, stone
	[t˥]	음절 말	cat, seat, fit

위의 표에서 볼 수 있는 바와 같이, 음소는 추상적인 대표 음가이고 이음은 음소가 각 단어에서 실현된 실제 발음이다.

앞서 살펴본 /t/처럼 영어의 모든 음소는 한 단어 내에서의 환경에 따라 다양한 이음으로 발음된다. 또한 한 단어 내에서뿐만 아니라 두 단어가 연결될 때에도 발음의 변화가 일어난다. 예를 들어, his의 ⟨s⟩는 이어지는 단어에 따라 발음이 미세하게 바뀐다.

① his mother
② his father

①의 his 뒤에 오는 단어 mother의 첫 자음이 유성음이기 때문에, his의 ⟨s⟩는 유성음인 /z/로 발음된다. 반면에 ②의 his 뒤에 오는 father의 첫 자음은 무성음이기 때문에 his의 ⟨s⟩는 /s/로 무성음화된다. 유사한 상황은 다음 예에서도 볼 수 있다.

① her pencil
② her eraser

①에서는 단어 pencil이 자음으로 시작되기 때문에 her의 종성 /r/이 생

략된다. 그러나 ②에서는 her 뒤의 단어 eraser가 모음으로 시작되기 때문에 her의 종성 /r/이 eraser와 연음된다. 이처럼 her의 발음 또한 뒤에 어떤 단어가 오느냐에 따라 발음이 미세하게 달라진다.

문자언어를 인식할 때에도 유사한 상황이 있다. 예를 들어, 다음 여섯 가지는 모두 다른 글자체의 elephant이다. 그러나 앞서 살펴본 다양한 /t/의 발음을 하나의 /t/로 생각하듯이, 단어 elephant도 글자체의 변화에 상관없이 이를 모두 elephant로 읽고 '코끼리'라는 의미로 이해한다.

① elephant
② **elephant**
③ *elephant*
④ **elephant**
⑤ *elephant*
⑥ *ELEPHANT*

마찬가지로 '고양이'도 다음과 같이 다양한 모습이 있지만, 우리 모두는 겉모습에 상관없이 모두를 쉽게 고양이로 인식한다.

한 가지 흥미로운 점은 엄청난 계산 능력을 갖춘 인공지능이 이와 같이 다양한 모습의 고양이를 인간처럼 쉽게 고양이로 인식하지는 못 한다는 점이다. 이처럼 인간에게 쉬운 일은 인공지능에게 어렵고, 인공지능에게 쉬운 일은 인간에게는 어려운 것을 '모라벡의 역설(Moravec's paradox)'이라고 한다(감동근, 2016). 인공지능이 다양한 모습의 고양이를 언제나 '고양이'로 인식할 수 있기 위해서는 일종의 '표준화(normalization)' 과정이 필요하다.

컴퓨터의 음성인식을 위해서도 표준화는 필수적이다. 앞서 언급한 불변성의 부족 문제는 /t/가 단어마다 다르게 발음되는 것에 국한되지 않는다. 다음과 같이 다양한 상황을 보면 인공지능의 음성인식이 얼마나 어려운 것인가를 짐작할 수 있다.

① 사람마다 목소리가 다름
② 동일한 사람도 상황에 따라 목소리가 다름
③ 대화의 배경 소음
④ 발화 실수 또는 부정확한 발음

첫째, 사람마다 글씨체가 많이 다르듯이, 발음에 있어 개인차도 매우 크다. 예를 들어, 음의 높낮이, 즉 음조(pitch)에 있어서 남녀의 차이는 매우 크다. 동일한 단어를 발음했을 때 여자의 최고 음조가 남자의 최고 음조보다 훨씬 더 높다. 그럼에도 불구하고 우리는 남자와 여자의 최고 음조를 동일한 강세 음절로 인식한다. 다른 글씨체를 읽으며 의미를 파악하듯이, 음성인식은 사람마다 다른 목소리의 차이를 감안하여 알아들어야 한다.

둘째, 동일한 사람도 상황에 따라 목소리가 달라진다. 컴퓨터로 문자를 입력하는 경우에는 오타가 나지 않는 한, 특정 문장은 아무리 반복해서 입력해도 동일한 문장으로 출력된다. 그러나 발음에서는 어떤 두 문장도 동일할 수 없다. 화자가 놓인 상황에 따라 발음의 속도와 크기 등이 다양하게 바뀔 것이다.

셋째, 방음이 완벽한 장소에서 대화하지 않는 한, 발음에는 주위의 소음이 들어간다. 소음이 심한 곳에서 전화통화를 하는 경우, 상대방 말의 일부를 알아듣지 못 하는 경우가 종종 생긴다. 맥락을 파악하지 못 하는 인공지능이 음성인식을 하는 경우, 이렇게 알아듣지 못 한 부분을 만회할 방법은 거의 없다. 그러나 인간은 전체적인 맥락을 통해 문장의 의미를 유추할 수 있다. 이와 같은 현상을 '칵테일파티 효과(cocktail party effect)'라고 한다 (Fromkin et al, 2011). 소란스러운 파티에서도 대화에 참여한 두 사람은 서로 요점을 알아들을 수 있다는 의미이다.

넷째, 말에는 발화실수(slip of the tongue)를 포함하여 다양한 종류의 부정확한 발음이 항상 존재한다. 원어민 간의 대화에서도 부정확한 발음은 나오지만, 외국어의 경우에는 더욱 그렇다. 한국인의 영어 발음을 예로 들면, 한 문장을 기준으로 자음과 모음, 강세 등 틀리는 곳이 많을 것이다. 그럼에도 불구하고 대부분의 문장을 이해하고 대화가 진행될 수 있는 이유는 인간이 가지고 있는 배경지식 덕분이다. 예를 들어, 영어 학습자가 I went to the ribrary라고 발음해도 교사는 의도한 문장의 의미를 쉽게 파악할 수 있다.

영어에 능숙한 사람은 특정 단어가 전혀 알아들을 수 없게 발음이 돼도 문장 전체의 구조와 의미로 그 단어를 유추할 수 있다. 예를 들어, 다음 문장의 빈칸에 가장 적합한 단어는 무엇일까?

It hit me like a ton of _____.

대부분의 영어 원어민을 포함하여 이 표현을 알고 있는 사람은 bricks를 떠올릴 수 있을 것이다. 이 표현을 알고 있는 사람들에게는 빈칸의 단어가 전혀 들리지 않았어도 문장 전체를 이해하는 데 아무런 문제가 없다. 빈칸의 단어를 예측할 수 있기 때문이다. 그러나 문장 전체에 대한 이해가 없는 인공지능은 이러한 상황에서 음성인식에 성공하기 어려울 것이다.

4. 음성합성

음성합성(speech synthesis)은 텍스트를 음성으로 전환하는 TTS(text-to-speech) 과정으로서 앞서 살펴본 음성인식 즉, STT(speech-to-text)와는 정반대의 순서이다. 음성합성에 대한 정의 중의 하나는 다음과 같다(전기전자공학대사전, 출처: https://100.daum.net/encyclopedia/view/156XX33722458).

사람이 의미 있는 말로 들을 수 있는 음향적인 파형을 직접 사람이 발성하거나 또는 단순한 녹음 재생에 의하지 않고 하드웨어 또는 소프트웨어로 인공적으로 음성을 발생시키는 것을 말한다.

컴퓨터가 음성을 합성하는 것은 사람이 단어를 소리 내어 읽는 것과 유사하다. 예를 들어, 한국어에서는 '하늘'이라는 문자를 보고 /하늘/이라고 발음하는 것이며, 영어에서는 'sky'를 /skay/로, 일본어와 중국어에서는 '天'을 각각 /소라/, /티엔/으로 발음하는 것이다. 중국어의 경우에는 성조(tone)까지 감안하여 발음해야 한다. 이처럼 음성합성은 복잡한 과정임과 동시에 언어마다 다른 발음상의 특징을 감안해야 한다.

Fromkin et al(2011)은 영어의 음성합성이 어려운 이유를 크게 두 가지로 나누어 설명한다. 첫째, 영어에는 철자는 같지만 발음이 다른 단어들이 있다. 다음 두 문장에서 read는 발음이 다르다.

① He will read the book.
② He has read the book.

시제의 차이에 따라 문장 ①에서는 read의 기본형인 /riyd/로 발음되는 반면에, 문장 ②에서는 /rɛd/로 발음된다. 그런데 인공지능이 문장 ①과 ②의 read를 정확하게 발음하기 위해서 앞의 단어가 will이면 /riyd/, has면 /rɛd/로 발음된다는 것을 기억하는 것만으로는 부족하다. 다음과 같은 문장을 보면 앞 단어를 근거로 read의 발음을 예측하는 것은 불가능하다는 것을 알 수 있다.

Will the boy who has borrowed the books read them?

영어 문장은 평면적 구조가 아니라 위계적 구조이기 때문에 문장 전체의 구조를 감안해야 한다. 이 문장을 보면 read 앞에 will과 has가 있다. 그런데 read의 발음은 더 가까이 있는 has가 아니라 더 멀리 있는 will에 의해 결정된다.

둘째, 영어는 철자와 발음의 관계가 불규칙적이기 때문에 음성합성이 상대적으로 어렵다. 대표적으로 영어 알파벳의 첫 글자인 ⟨a⟩에는 다음과 같이 7가지 발음이 있다(윤여범 외 2인, 2019: 1-2). 한글의 ⟨ㅏ⟩가 항상 /ㅏ/로 발음되는 것과는 매우 대조적이다.

① m<u>a</u>t

② m<u>a</u>te

③ b<u>a</u>lloon

④ b<u>a</u>ll

⑤ m<u>a</u>rk

⑥ m<u>a</u>ny

⑦ vill<u>a</u>ge

철자 〈a〉가 위와 같이 다양하게 발음되기 때문에 영어에서는 철자와 발음의 관계, 즉 파닉스(phonics)를 학습하는 것이 중요하다. 위에 제시된 〈a〉의 7가지 발음 중에서 ①~⑤는 파닉스 규칙으로 설명 가능하다. 예를 들어, 철자 〈a〉는 ①에서처럼 자음과 자음 사이에 오는 경우 /æ/로 발음되며, ②에서처럼 뒤에 묵음 〈e〉가 있으면 /ey/로 발음된다. 전자를 단모음 규칙(short-vowel rule), 후자를 장모음 규칙(long-vowel rule)이라고 부른다. 이 규칙들은 적용되는 어휘가 많은 대표적인 파닉스 규칙이다. 반면에 ⑥과 ⑦은 파닉스 규칙으로는 설명하기 어려운 예외로서, many, village와 같이 파닉스 규칙의 적용을 받지 않는 단어들을 일견어휘(sight word)라고 부른다.

학습자가 영어 단어를 정확히 발음하기 위해서 기본적인 파닉스 규칙 이외에 많은 불규칙한 어휘의 발음도 파악해야 하는 것처럼, 컴퓨터의 정확한 음성합성을 위해서도 많은 규칙뿐만 아니라 불규칙한 내용도 포함되어야 한다. 다음 단어는 어떻게 발음할까?

victual

이 단어의 발음은 일반적인 예상과는 매우 다르다. 7개 철자 중에 3개 ⟨c, u, a⟩가 묵음이며 발음은 /vitl/이다. 기존의 단어 actual을 바탕으로 발음을 유추하는 것과는 매우 다르다.

고유명사에서도 영어 철자와 발음 관계의 불규칙성을 쉽게 알 수 있다. 한국어는 어떤 고유명사라도 한글을 읽을 수 있으면 모두 발음할 수 있다. 우리가 한글 명함을 건네받으며 상대방에게 "죄송하지만 이 성함은 어떻게 발음하는 건가요?"라고 질문할 일은 전혀 없다. 반면에 영어의 고유명사는 정확한 발음을 확인해야 하는 경우가 많다. 다음 이름은 어떻게 발음해야 할까?

Reagan

Reagan은 전 미국 대통령이며 발음은 '레이건' /reygən/이다. 그런데 레이건이 대통령이 되기 전에 한국에서 발음이 '리이건'으로 소개된 적이 있다고 한다. Reagan의 ⟨ea⟩를 seat의 ⟨ea⟩와 같다고 생각하고 발음한 것이다. 그러나 다음 단어들을 보면 ⟨ea⟩의 발음이 매우 다양함을 알 수 있다.

① seat
② instead
③ great
④ heard
⑤ heart
⑥ beard

위에 제시된 ⟨ea⟩의 6가지 발음 중, ① seat의 /iy/가 가장 일반적이고 ③ great의 /ey/는 매우 드문 편이다. Reagan을 '레이건'이 아니라 '리이건'으로 틀리게 표기한 것은 ⟨ea⟩의 발음을 가장 일반적인 ①번의 /iy/일 것이라고 판단한 실수였다. ⟨ea⟩처럼 두 개의 모음 철자가 하나의 발음으로 실현되는 것을 모음 이중음자(vowel digraph)라고 한다(윤여범 외 2인, 2019).

영어의 철자와 발음의 관계는 자음보다는 모음이 더 복잡하다. 예를 들어, 영어 모음 철자는 ⟨a, e, i, o, u⟩ 5개에 불과하지만, 각각의 모음이 나타낼 수 있는 발음은 매우 많다. 앞서 살펴본 것처럼, ⟨a⟩ 하나에만 7개의 발음이 있으며 모음 이중음자 ⟨ea⟩에도 6개의 발음이 있었다. 그런데 다음에 제시하는 모음 철자와 자음 철자의 결합형인 ⟨ough⟩ 또한 매우 다양한 발음으로 나타난다.

① bough /aw/
② dough /ow/
③ through /uw/
④ fought /ɔ/
⑤ thorough /ʌ/
⑥ enough /ʌf/

위의 ①~⑤의 단어에 있는 자음 철자인 ⟨gh⟩는 묵음이기 때문에 ⟨ough⟩는 모두 5종류의 모음으로 발음되는 것을 볼 수 있다. 그러나 ⑥의 enough를 보면 ⟨gh⟩가 묵음이 아니라 /f/로 발음된다.

모음 철자 ⟨a⟩, 모음 이중음자 ⟨ea⟩, 모음 철자와 자음 철자의 결합형인

⟨ough⟩의 다양한 발음은 영어의 철자와 발음의 관계가 불규칙하다는 것을 잘 보여주고 있다. 이와 같은 불규칙성은 일부 고유명사의 경우에 더욱 두드러지게 나타난다.

영어 고유명사의 발음은 영어에 어원을 두지 않는 이름에서 더욱 어려워진다. 예를 들어, 다음 이름들은 직접 묻지 않고는 정확한 발음을 거의 알 수 없을 것이다.

Skrypiczajko
Ovtcharov

Skrypiczajko는 우크라이나어의 어원을 영어 철자로 옮긴 것으로서 ⟨cz⟩는 /tʃ/로 발음되며 ⟨aj⟩가 /æ/로 발음되는 것을 알면 어느 정도 정확한 발음을 할 수 있다. 또한 Ovtcharov는 독일의 유명한 탁구 선수 이름이며 발음을 한글로 최대한 가깝게 표기하면 '옵차로프'이다. 이름 중간에 있는 ⟨tch⟩는 /tʃ/로 발음되며, 마지막 자음 철자 ⟨v⟩의 실제 발음은 /f/이다. 위와 같이 고유명사의 다양하고도 불규칙한 발음을 감안하면, 영어가 한국어보다 음성합성이 더 어려울 것임을 예측할 수 있다.

Review

다음 용어를 간단히 설명하시오.

- [ ] **articulatory phonetics / acoustic phonetics**
- [ ] **cocktail party effect**
- [ ] **consonant cluster**
- [ ] **maximal syllable**
- [ ] **Moravec's paradox**
- [ ] **phoneme / allophone**
- [ ] **phonotactics**
- [ ] **place of articulation / manner of articulation**
- [ ] **segment / suprasegment**
- [ ] **speech synthesis / speech recognition**

8
영어 교수법 이야기

Tell me and I forget.
Teach me and I remember.
Involve me and I learn.

— Benjamin Franklin

벤저민 프랭클린이 말한 것처럼 최고의 교수법은 학생들을 '참여'하도록 하는 것이라고 생각합니다.

제8장에서는 다음과 같은 순서로 '영어 교수법'에 대해 이야기해 보고자 합니다.

1. 영어의 4기능
2. 어휘와 문법
3. 문법번역식 교수법
4. 청화식 교수법
5. 자연적 접근법
6. 어휘 중심 접근법

1. 영어의 4기능

영어의 '4기능'에는 듣기, 말하기, 읽기, 쓰기가 있으며, 서로 긴밀하게 연결되어 있다. 예를 들어, 듣기와 말하기는 음성언어라는 공통점이 있으며, 듣기와 읽기는 이해기능이라는 공통점이 있다. 4기능은 다음 표에 나타낸 바와 같이, 두 가지 분류 기준으로 나눌 수 있다.

	이해기능	표현기능
음성언어	듣기	말하기
문자언어	읽기	쓰기

언어의 궁극적인 목표는 의사소통(communication)에 있으며, 의사소통이란 말 또는 글이라는 언어의 형태(form)를 이용하여 의미(meaning)를 전달하는 것이다. 예를 들어, '전화'라는 의미를 영어로 의사소통하기 위해서

는 /fown/과 같이 발음하고 들을 수 있어야 하며, ⟨phone⟩과 같이 읽고 쓸 수 있어야 한다.

영어 4기능의 한 가지 분류 기준은 음성언어(spoken language)와 문자언어(written language)로 나누는 것이다.(이하 영어 4기능과 교수법에 대한 자세한 설명은 [윤여범, 서진아, 2020] 참고.) 듣기와 말하기를 포함하는 음성언어가 읽기와 쓰기를 포함하는 문자언어보다 더 기본적인 기능이다. 음성언어가 기본적이라는 것은 모국어 습득의 순서를 보면 명확하게 나타난다. 항상 음성언어를 먼저 습득한 후, 문자언어를 학습하게 된다. 영어 교육에서도 이를 반영하여 4기능을 제시할 때 음성언어인 듣기와 말하기를 문자언어인 읽기와 쓰기보다 먼저 제시한다.

음성언어와 문자언어의 분류는 8장에서 살펴볼 영어 교수법에서도 나타난다. 음성언어에 초점을 둔 대표적인 교수법은 청화식 교수법(Audiolingual Method)으로서 외국어의 발음 연습에 큰 비중을 두고 있다. 문자언어와 가장 관련이 깊은 교수법은 문법번역식 교수법(Grammar-Translation Method)으로서 발음과는 상관없이 외국어를 모국어로 번역하는 것에 치중한다.

두 번째 기준은 이해기능(comprehensive function)과 표현기능(expressive function)으로 분류하는 것이다. 이해기능에는 듣기와 읽기, 표현기능에는 말하기와 쓰기가 속한다. 이해기능과 표현기능 중에는 이해기능이 더 우선적이다. 예를 들어, 음성언어 기능 중에서 듣기는 말하기의 바탕이 된다. 이에 대해 Brown(2000)은 "Listening competence is larger than speaking competence"라고 표현한다. 영어 교수법 중에서 자연적 접근법(Natural Approach)은 듣기를 통한 입력을 강조하고 있으며 충분한 듣기 입력이 모이면 말하기 능력이 생기는 것으로 본다.

2. 어휘와 문법

의사소통이라는 목표를 달성하기 위해 언어는 말 또는 글이라는 형태를 통해 의미를 전달하는데, 언어의 의미를 구성하는 두 가지 요소는 어휘와 문법이다. 일반적으로 의미 전달에 있어 어휘의 역할이 더 중요한 것으로 간주한다(Wilkins, 1972: 111).

> Without grammar very little can be conveyed; without vocabulary nothing can be conveyed.

Wilkins(1972)가 언급한 바와 같이, 의미 전달에 있어 어휘가 필수적이지만 문법의 역할도 크다. 문법 또한 언어 사용에 있어 필수적이며 효율적인 의사소통을 위해 반드시 필요하다(Frodesen, 2001: 234).

> Grammar is an integral part of language use; it is a resource to be accessed for effective communication, not just an isolated body of knowledge.

어휘와 문법의 상대적 중요성은 다양한 영어 교수법의 차이에도 잘 나타난다. 그런데 어휘와 문법의 구분은 음성언어와 문자언어의 구분처럼 뚜렷하지는 않다(Schmitt, 2010). 예를 들어, 특정 문장에서 few와 little 중에 어떤 것을 선택해야 하는가의 기준은 관점에 따라서는 어휘의 영역일 수도 있고 문법의 영역일 수도 있다. 어휘 및 문법을 중심으로 영어 교수법을 구분할 때에는 어느 한 쪽을 완전히 배제하는 것을 의미하지는 않는다. 즉 어휘 중심 접근법에도 문법 요소가, 문법번역식 교수법에도 어휘 요소가 부분적으로 포함되어 있다는 점에 유의해야 한다.

어휘에 중점을 둔 대표적인 교수법에는 어휘 중심 접근법(Lexical Approach)과 자연적 접근법(Natural Approach)이 있다. 반면에 문법에 초점을 둔 교수법에는 문법번역식 교수법(Grammar-Translation Method)이 있다. 이어서 각 교수법의 특징과 인공지능과의 관련성에 대해 살펴보고자 한다.

3. 문법번역식 교수법

문법번역식 교수법(Grammar-Translation Method)은 고전적 교수법(Classical Method)이라고 불릴 만큼 역사가 깊은 교수법이다. 최초의 체계적인 교수법이라고 할 수 있으며, 1840년대부터 1900년대 초반까지 유행했다(Richards & Rodgers, 2014). 문법번역식 교수법의 대표적인 특징을 세 가지만 살펴보면 다음과 같다(Prator & Celce-Murcia, 1979).

① Classes are taught in the mother tongue, with little active use of the target language.
② Much vocabulary is taught in the form of lists of isolated words.
③ Long elaborate explanations of the intricacies of grammar are given.

첫째, 문법번역식 교수법에 따른 수업에서는 모국어로 수업이 진행되며 목표어는 거의 사용하지 않는다. 둘째, 많은 어휘가 맥락 없이 목록의 형태로만 제시된다. 셋째, 문법은 상세한 부분까지 자세히 설명한다.

이름 자체에서 문법번역식 교수법은 문법과 번역을 중심으로 하는 교수법이라는 것이 잘 나타나 있다. 여기에서 문법이란 맥락(context)에 대한 고려 없이, 문장 단위에 초점을 두는 문법을 의미한다. 따라서 문법번역식 교수법은 6장에서 살펴본 화용론보다는 5장에서 살펴본 통사론과 관련이 더 깊다.

또한 문법번역식 교수법은 외국어의 발음에는 관심이 없고, 외국어를 어떻게 잘 번역하는가에만 관심이 있다는 것이다. 예를 들어, 라틴어를 영어로 옮기는 것이 문법번역식 교수법의 대표적인 연습 과정이다. 라틴어 문장을 영어로 번역한 예를 살펴보자.

① Veni, vidi, vici.
⋯▸ I came, I saw, I conquered.

② Cogito ergo sum.
⋯▸ I think therefore I am.

①은 로마의 '시저'가 전쟁에서 승리한 후 "왔노라, 보았노라, 이겼노라"라고 말한 문장이다. 라틴어 원문과 영어 번역문을 보면 Veni가 I came을 의미하는 것을 알 수 있으며, 라틴어에서는 주어 I를 별도로 쓰지 않고 우리말처럼 동사만을 쓰는 것임을 짐작할 수 있다.

②는 '데카르트'가 말한 "나는 생각한다, 고로 나는 존재한다"라는 문장

이다. 라틴어 원문과 영어 번역문을 대조하면 ergo가 therefore에 해당하며, Cogito는 I think, sum은 I am임을 파악할 수 있다. 문법번역식 교수법에서는 위와 같이 라틴어를 정확히 번역하는 데에는 관심이 있지만, 라틴어의 발음은 중요하지 않다.

문법번역식 교수법의 특징을 중국어와 한문의 비교를 통해 알아보자. 중국어를 공부하는 것과 한문을 공부하는 것은 매우 다르다. 중국어를 공부하는 것은 의사소통의 수단으로 중국어를 듣고 말하는 것을 학습하는 것이지만, 한문을 공부하는 것은 중국어 발음과는 상관없이 문자언어로서의 한자를 보고 의미를 파악하는 것이다. 다음은 당나라 시인 '구양수'가 쓴 시의 일부분으로 학문의 어려움을 의미한다.

平蕪盡處是靑山
行人更在靑山外

한문을 공부하는 사람은 이 시의 구절을 우리말로 번역하는 데 집중하겠지만, 중국어로 어떻게 발음되는가는 중요하지 않을 것이다. 이는 라틴어를 영어로 옮기는 문법번역식 교수법의 과정과 유사하다.

"번역은 반역"이라는 말이 있을 정도로 외국어 학습에서 번역은 부정적인 뉘앙스가 강하다. 가령 "영어를 잘 하려면 영어로 생각해야 한다"와 같이 모국어를 거치지 않고 목표어만으로 학습해야 한다는 주장이 많다. 이처럼 문법번역식 교수법은 외국어의 발음에는 거의 관심이 없음에도 불구하고 현재에도 외국어 교수법으로서 중요한 위치를 차지하고 있다. 사실 외국어 학습에 있어 '번역'이라는 용어가 사라지지 않는 한, 문법번역식 교수법의 영향력은 지속될 것이다.

인공지능과의 연관성

문법번역식 교수법과 가장 관련 깊은 인공지능의 분야는 기계번역(machine translation)일 것이다. 최근 인공지능의 비약적인 발전과 함께, 기계번역도 지속적으로 발전하고 있다. 특히 2016년에 등장한 알파고에서 위력을 확인할 수 있었던 인공신경망 기술이 도입되면서 기계번역의 정확성은 더욱 높아지고 있다. 한 가지 예로 다음과 같은 영어 문장의 번역 결과를 들 수 있다.

A man is known by the company he keeps.
⋯▶
사귀는 친구를 보면 그 사람을 알 수 있다.

위의 영어 원문은 비교적 잘 알려진 격언이다. 이 영어 격언에서 중요한 단어는 company인데 이전의 연구(박영란, 2018)에서, company가 '회사'로 번역되어 있어 영어 격언의 원래 의미를 전달하지 못하고 있음을 지적하고 있다. 정확한 번역을 위해서는 이 격언에서 company가 '사람들의 모임'이라는 의미로 사용되고 있음을 파악해야 한다. 위에 제시된 최근의 번역 결과를 보면 격언에 있어서도 정확성이 높아졌음을 알 수 있다.

이처럼 기계번역의 정확성은 계속 향상되고 있지만, 아직까지는 번역 결과물을 사용자가 더욱 정확하게 바꾸어야 할 필요성이 있음을 보여준다. 이와 같이 번역 결과물을 검토하는 과정을 '후처리(PE: post-editing)'라고 부른다. 앞서 제시한 오역의 예를 보면, 문법번역식 교수법에서 요구하는 외국어에 대한 높은 수준의 이해가 필요함을 알 수 있다. 인공지능 기술의 발달과 함께 기계번역의 정확성은 더욱 높아지고 있으나, 특히 전문 분야의 번역에 있어서는 번역 결과물의 정확성을 높이는 데 있어 사용자의 역할이 중요하다.

4. 청화식 교수법

청화식 교수법(Audiolingual Method)은 '듣고 말하기' 교수법으로서, 문법번역식 교수법과는 여러 가지 면에서 대조된다. Prator와 Celce-Murcia(1979)가 제시한 청화식 교수법의 특징 중에서 문법번역식 교수법과 대조되는 대표적인 특징을 예로 들면 다음과 같다.

① There is little or no grammatical explanation.
② Great importance is attached to pronunciation.
③ Vocabulary is strictly limited and learned in context.
④ Very little use of the mother tongue by teachers is permitted.

①에 언급된 바와 같이, 청화식 교수법에서는 학습하는 외국어의 문법에 대한 설명을 거의 하지 않는다. 문법은 직접적인 설명이 아니라 귀납적으로 학생들이 스스로 발견하도록 한다. 이와 같은 문법에 대한 접근 방식은 문법을 중요시하고 직접 가르치는 문법번역식 교수법과는 뚜렷하게 대된다.
②에서 볼 수 있듯이, 청화식 교수법에서는 발음을 대단히 중시한다. 학습하는 외국어의 의미를 모르는 가운데에서도 반복연습(drill)을 통해 발음을 원어민 수준에 가깝도록 연습시킨다. 이러한 반복연습은 청화식 교수법이 군대식 교수법(Army Method)라고 불리는 이유이다. 청화식 교수법의

연습은 자극(stimulus), 반응(response), 강화(reinforcement)의 단계로 진행된다.

③을 보면 청화식 교수법에 있어서 어휘 사용은 매우 제한되어 있으며, 어휘는 직접적으로 학습하는 것이 아니라 맥락을 통해 배운다. 문법번역식 교수법에서 직접적인 어휘 학습을 강조하는 것과는 역시 큰 대조를 보인다.

④는 청화식 교수법에서 모국어 사용이 거의 허용되지 않는다는 점을 보여준다. 반면에 문법번역식 교수법에서는 외국어를 모국어로 번역하는 것이 주요 과제로서 두 교수법의 차이점을 극명하게 보여준다.

인공지능과의 연관성

청화식 교수법과 관련 깊은 인공지능의 분야에는 인공지능 챗봇(chatbot)이 있다. 영어 발음을 정확하게 하기 위해서는 청화식 교수법에서 사용하는 반복연습이 효과적이기는 하지만, 전통적인 방식의 반복연습은 지루할 수 있다. 이때 챗봇을 활용하면 반복연습을 지루하지 않게 할 수 있는 장점이 있다. 최근의 연구(이삭, 2019; 최원경, 2020)에 의하면 챗봇이 초등학생의 영어에 대한 흥미와 말하기 능력의 신장에 도움이 된다고 한다.

또한 대화의 상대방이 사람일 때보다 챗봇일 때 학습자가 더 편안함을 느낀다고 한다. 즉, 챗봇은 정의적인 측면에서도 효과적이다(이삭, 2019). 또한 챗봇은 학습자에게 영어 원어민과 같은 정확한 영어 발음과 다양한 표현을 익히게 하는 데도 도움을 줄 수 있다.

성민창과 강정진(2020: 25)은 기존의 청화식 교수법을 적용한 영어 수업에 챗봇을 활용하면 학생들의 말하기 활동에 도움을 줄 것으로 언급하고 있다.

기존의 초등영어 말하기 수업이 청화식 교수법(Audio-Lingual Method)의 영향으로 정해진 대사와 표현 교체로 이루어진 단선적 시나리오 대화문을 익히는 것에 초점을 두었다면, 인공지능 영어 챗봇과의 대화는 초등영어 학습자로 하여금 대화 진행의 다양한 가능성을 경험하게 하고 이를 창의적인 말하기 활동(예: 역할극 재구성)으로 발전시킬 수 있었다.

청화식 교수법의 장점은 유지하되, 챗봇의 장점을 영어 교육 현장에서 잘 활용하면 영어 말하기 수업에 큰 도움을 줄 수 있을 것이다. 이와 같은 챗봇의 장점은 초등영어뿐만 아니라 챗봇의 기능이 발전함에 따라 중등 이상의 영어 말하기 수업에도 효과적으로 활용할 수 있을 것이다.

5. 자연적 접근법

자연적 접근법(Natural Approach)은 언어 입력(input)의 '이해'에 중점을 둔 교수법이다. 자연적 접근법의 주도적인 인물인 Krashen과 Terrell(1983: 19)은 의미 이해의 중요성에 대해 다음과 같이 언급한다.

    Acquisition can take place only when people understand the messages in the target language.

즉 학습 대상인 목표어(target language)로 의미를 이해할 때에만 진정한 의미의 언어 습득(acquisition)이 일어난다는 것을 강조하고 있다.
다음과 같은 다섯 가지 가설이 자연적 접근법의 핵심을 이룬다.

① 습득-학습 가설
② 모니터 가설
③ 자연적 순서 가설
④ 입력 가설
⑤ 정의적 여과막 가설

첫째, 습득-학습 가설(The Acquisition-Learning Hypothesis)은 습득과 학습의 차이점에 대해 언급하고 있다. 습득은 학습자가 외국어를 잠재의식적, 직관적 과정을 통해 내재화하는 것을 의미하며 어린이의 모국어 습득 상황과 거의 동일한 것으로 간주한다. 학습은 외국어에 의식적으로 집중하여 얻게 되는 결과물로서 외국어의 유창성으로 이어지지는 않는 것으로 본다.

둘째, 모니터 가설(The Monitor Hypothesis)은 습득이 아닌 학습된 언어 체계는 학습자의 외국어 출력(output)을 점검하는 기능만을 한다는 가설이다.

셋째, 자연적 순서 가설(The Natural Order Hypothesis)은 문법적인 형태소의 습득에 있어 자연적으로 정해진 순서가 있다는 가설이다. 예를 들어, 진행형 접미사 {ing}은 3인칭 단수 현재형 접미사 {s}보다 먼저 습득된다.

넷째, 입력 가설(The Input Hypothesis)은 학습자의 수준보다 약간 높은 수준의 입력, 즉 이해 가능한 입력(comprehensible input)이 제공될 때 언어를 가장 잘 습득한다는 가설이다. 입력 가설에 의하면 말하기 능력은 학습자에게 충분한 입력이 모이면 저절로 생기는 것으로 간주한다(Brown, 2000: 278).

An important part of the Input Hypothesis is Krashen's recommendation that speaking not be taught directly or very early in the language classroom. Speech will "emerge" once the acquirer has built up enough comprehensible input (*i*+1).

다섯째, 정의적 여과막 가설(The Affective Filter Hypothesis)은 학습자의 성공에 대한 걱정이 적을 때 최고의 습득이 이루어진다는 가설로서, 외국어 교육에 있어 정의적 요인의 중요성을 강조하고 있다.

인공지능과의 연관성

앞서 살펴본 자연적 교수법의 특징 중에서 인공지능 시대의 영어 교육에 응용할 수 있는 점을 살펴보면 다음과 같다. 첫째, 인공지능 챗봇과의 상호작용을 통한 이해 가능한 입력의 중요성에 대한 재인식이 필요하다. 챗봇은 난이도 조절이 가능하여 학습자에 따라 입력을 조절할 수 있기 때문에 학생들은 챗봇과의 상호작용을 통해 의사소통 능력을 기를 수 있을 뿐만 아니라, 진정성 있는 입력을 얻게 된다.

둘째, 영어 교육에 있어 정의적 요인의 중요성에 대한 재인식이다. 일반적으로 학생들은 다른 사람들과의 대화보다는 챗봇과의 대화를 더 편안하게 느끼는 것으로 나타났다. 챗봇은 사용자의 요구에 따라 언제 어디에서든 편안한 대화 상대가 될 수 있기 때문에 영어 학습에 도움이 될 것이다.

6. 어휘 중심 접근법

언어를 구성하는 두 개의 축은 어휘와 문법이다. 영어 교수법은 시대에 따라 변화하며, 정도의 차이는 있으나 어휘를 더 강조하는 교수법도 있고 문법을 더 강조하는 교수법도 있다. 이처럼 특정 교수법에서 어휘와 문법의 상대적인 비중 차이는 항상 있으며, 어휘 중심 접근법은 이름 그대로 어휘를 더 중요시한다.

Thornbury(2006: 119)는 어휘 중심 접근법의 특징에 대해 다음과 설명한다.

> A lexical approach to language teaching is one that has chosen vocabulary (ie, lexis) as the main focus for syllabus design and classroom teaching. This contrasts with traditional approaches, which usually focus on grammar. This lexical bias emerged out of developments in corpus linguistics, especially research into collocation and word frequency.

어휘 중심 접근법에서의 '어휘'는 전통적인 의미의 vocabulary가 아니라, 보다 더 포괄적인 의미의 어휘군(lexis)이다. Lewis(1997: 9)는 어휘 중심 접근법의 초점에 대해 다음과 같이 언급한다.

> The Lexical Approach emphasizes combinations which are not only possible but highly likely.

영어 단어 중에는 서로 자주 같이 나타나는 단어들이 있으며, 이러한 단어들의 결합을 연어(collocation)라고 한다. 연어는 문법적으로는 잘 설명되지 않는 특정 단어들의 결합형이 많다. 예를 들어, 다음 단어들의 결합형은 모두 가능한 것 같지만 그렇지 않다.

① have lunch
② *have nice lunch
③ have a nice lunch

②는 사용되지 않는 표현이다. ①이 가능한 표현이기 때문에 ②도 가능할 것 같지만, ③처럼 부정관사 a를 같이 써야 한다. ②와 ③의 성립 여부는 문법적으로 정해져 있다기보다는 단어와 단어 간의 결합에 의해 정해져 있다. 어휘 중심 접근법은 ②와 ③의 차이처럼 문법 규칙으로 설명되지 않는 언어 현상을 바탕으로 하여, 언어는 '어휘화된 문법(lexicalized grammar)'이 아니라 '문법화된 어휘(grammaticalized lexis)라고 하며, 성공적인 언어 학습을 위해서는 어휘가 더 본질적인 것임을 강조한다(Lewis, 1997).

〟 인공지능과의 연관성 〟

어휘 중심 접근법은 언어학의 분야 중에서 코퍼스 언어학(corpus linguistics)과 관련이 깊다. 코퍼스는 '언어자료'를 의미하며, 영어 자료에 관한 대표적인 코퍼스에는 BNC(British National Corpus)와 COCA(the Corpus of Contemporary American English) 등이 있다. 코퍼스 언어학은 컴퓨터에 저장된 음성언어와 문자언어 자료를 활용하여 언어를 분석한다.

컴퓨터는 많은 양의 언어 정보를 저장하여 언어의 다양한 측면을 분석 가능하게 해준다(Reppen & Simpson-Vlach, 2010: 90).

Computers are tireless tools that can store large amounts of information and allow us to look at that information in various configurations.

코퍼스 언어학의 연구를 통해 기계번역에 필요한 언어 정보를 신속하고 정확하게 모을 수 있다. 그러나 코퍼스에서 발견된 정보를 분석하고 의미를 찾는 데 있어서 아직까지 인간 전문가의 역할이 필요하다(Reppen & Simpson-Vlach, 2010: 90).

Although computers make possible a wide range of sophisticated statistical techniques and accomplish tedious, mechanical tasks rapidly and accurately, human analysts are still needed to decide what information is worth searching for, to extract information from the corpus and to interpret the findings.

어휘 중심 접근법의 핵심 개념인 연어(collocation)는 자주 같이 쓰이는 단어들로 결합된 언어 단위를 의미한다. 다음의 빈칸에 공통으로 알맞은 단어는 무엇일까?

① learn it the hard _____
② it's _____ more important

③ on my _____ home

정답은 way이다. 위 ①~③의 빈칸에서 way는 약간씩 다른 의미로 사용되고 있다. ①에서는 '방법', ②에서는 '훨씬', ③에서는 '길'이라는 의미로 사용되고 있으며, way가 다양한 단어들과 결합하여 연어를 이루고 있다.

어휘 중심 접근법은 언어를 규칙보다는 통계의 관점에서 바라보게 한다는 점에서 인공지능과 관련되어 있다. 언어 분석에 있어 통계적 관점은 특정 단어 뒤에 오는 단어를 예측할 수 있게 하는 장점이 있다. 예를 들어, 다음 문장의 빈칸에 올 수 있는 확률이 가장 높은 단어들이 있다.

① Get some _____.
② Take your _____.

문장 ①의 빈칸에는 rest가 나타날 확률이 매우 높다. 문법적으로 형용사 some 뒤에는 많은 명사가 올 수 있지만, 문장의 전체적인 의미를 감안하면 일반적인 의미의 명사가 올 확률은 매우 낮다. 문장 ①의 some과 마찬가지로, 문장 ②의 your 뒤에도 무수히 많은 명사가 올 수 있으나, 숙어 take your time의 사용 빈도를 감안하면 다른 명사가 올 확률은 매우 낮다. 이처럼 특정 환경에서 각 단어가 나타날 수 있는 정도를 확률로 나타낼 수 있다. 이와 같은 확률적 정보는 뒤따르는 단어를 예측 가능하게 하기 때문에 음성인식(speech recognition)을 비롯한 인공지능의 텍스트 이해에 도움이 된다.

Review

다음 용어를 간단히 설명하시오.

- ☐ acquisition-learning hypothesis
- ☐ affective filter hypothesis
- ☐ army method
- ☐ classical method
- ☐ collocation
- ☐ comprehensible input
- ☐ comprehensive function / expressive function
- ☐ lexis
- ☐ natural order hypothesis
- ☐ spoken language / written language

| 참고문헌 |

감동근. (2016). *바둑으로 읽는 인공지능*. 서울: 도서출판 동아시아.
김경숙. (2018). 한국어 속담의 영어 기계번역에 미치는 격조사의 영향: 구글번역기를 중심으로. *언어학, 26*(3), 139-157.
김기현. (2019). *자연어처리 딥러닝 캠프: 파이토치 편*. 서울: 한빛미디어(주).
김대수. (2020). *처음 만나는 인공지능*. 파주: 생능출판사.
김대식. (2016). *김대식의 인간 vs 기계: 인공지능이란 무엇인가*. 서울: 도서출판 동아시아.
김명락. (2020). *이것이 인공지능이다*. 서울: 슬로미디어.
김영희. (2021). 로버트 프로스트와 T. S 엘리엇의 크리스마스트리- 인간번역과 기계 번역의 차이 연구. *T. S. 엘리엇 연구, 31*(1), 1-21.
김의중. (2016). *알고리즘으로 배우는 인공지능, 머신러닝, 딥러닝 입문*. 파주: 위키북스.
김인옥. (2020). 디지털교과서 및 번역기 활용 쓰기 활동이 6학년 학생들의 영어 쓰기 및 자기 주도적 학습 태도에 미치는 영향. *초등영어교육, 26*(2), 157-177.
김진우. (1985). *언어: 그 이론과 응용*. 서울: 탑출판사.
노성열. (2020). *AI 시대, 내 일의 내일: 인공지능 사회의 최전선*. 서울: 도서출판 동아시아.
박성현, 박태성, 이영조. (2018). *빅데이터와 데이터 과학*. 파주: 자유아카데미.
박영란. (2018). 기계번역에서의 영어속담 분석. *통역번역교육연구 16*(1): 131~150.
성민창, 강정진. (2020). 예비 초등영어교사의 적응적 전문성 신장을 위한 인공지능 챗봇 교육과정 개발. *초등영어교육, 26*(2), 5-29.
심창용, 이재희. (2018). 4차 산업혁명과 초등 영어 교과서. *4차 산업혁명과 미래영어교육*(pp. 121-139). 서울: 한국문화사.
안정효. (1996). *번역의 테크닉*. 서울: 현암사.
온소진, 정수현. (2016). 알파고의 독창적인 착수에 관한 분석. *바둑학연구, 13*(2), 11-27.
윤여범. (2002). *초등영어 발음교육론*. 서울: 한국문화사.
윤여범. (2020). 알파고와 파파고: 인공지능과 영어교육의 관계. *한국초등교육, 31*(4), 231-242.
윤여범. (2021). 인공지능 시대의 영어교육. 서울교육대학교 교육전문대학원. 인공지능전공 세미나자료집.
윤여범, 박미애, 서진아. (2019). *파닉스의 이해와 적용*. 서울: 한국문화사.
윤여범, 서진아. (2017). *초등영어 발음교육의 이해와 적용*. 서울: 한국문화사.

윤여범, 서진아. (2020). *초등영어지도법*. 서울: 한국문화사.
이삭. (2019). 게이미피케이션 기반 AI 챗봇 활용 수업이 초등학생의 영어 말하기 수행 및 정의적 영역에 미치는 영향. *초등영어교육. 25*(3), 75-98.
이상민. (2019). L2 작문 수정에 미친 기계번역의 효과성에 대한 한국 대학생 학습자의 인식. *Multimedia-Assisted Language Learning, 22*(4), 206-225.
이상빈. (2020). 기계번역에 관한 KCI 연구 논문 리뷰: 인문학 저널 논문(2011~2020년 초)의 논의 내용과 연구 방법을 중심으로. *통역과 번역 22*(2), 75-104.
임완철. (2017). *생각하는 사물의 등장*. 서울: 지식노마드.
전상범. (1985). *영어음성학*. 서울: 을유문화사.
최원경. (2020). AI 챗봇을 활용한 초등영어 과정 중심 말하기 평가: 가능성과 한계. *초등영어교육, 26*(1), 131-152.
Akbari, A. (2014). An overall perspective of machine translation with its shortcomings. *International Journal of Education & Literacy Studies 2*(1), 1-10.
Banitz, B. (2020). Machine translation: A critical look at the performance of rule-based and statistical machine translation. *Cad. Trad., Florianopolis, 40*(1), 54-71.
Barry, A. K. (2008). *Linguistic perspectives on language and education*. Essex: Pearson Education.
Bostrom, N., Christianini, N., Graham-Cumming, J., Norvig, P., Sandberg, A., & Walsh, T. (2017). *Machines that think: Everything you need to know about the coming age of artificial intelligence*. London: New Scientist.
Brown, H. D. (2000). *Principles of language learning and teaching*. (4th ed.). New York: Pearson Education.
Bryson, B. (2013). 빌 브라이슨의 유쾌한 영어 수다(박중서 역). 서울: Humanist Publishing(원출판년도 1990). *Mother tongue: The English language*. Jed Mattes Inc.
Burns, A., & Seidlhofer, B. (2010). Speaking and pronunciation. *Applied linguistics*. pp. 197-214.
Carroll, D. K. (1986). *Psychology of language*. Pacific Grove: Books/Cole Publishing Company.
Crystal, D. (1991). *A dictionary of linguistics and phonetics*. Oxford: Blackwell Publishers.
Cummins, J. (1979). Cognitive/Academic language proficiency, linguistic interdependence, the optimal age question and some other matters. *Working Papers in Bilingualism 19*(3), 197-205.

Denham, K., & Lobeck, A. (2010). *Linguistics for everyone: An introduction.* (1st. ed.). Toronto: Cengage Learning.
Denham, K., & Lobeck, A. (2013). *Linguistics for everyone: An introduction.* (2nd. ed.). Toronto: Cengage Learning.
Fromkin, V., Rodman, R., & Hyams, N. (2011). *An introduction to language.* (9th. ed.)., Toronto: Cengage Learning.
Garcia, I., & Pena, M. (2011). Machine translation-assisted language learning: Writing for beginners. *Computer Assisted Language Learning, 24*(5), 471-487.
Groves, M., & Mundt, K. (2015). Friend or foe? Google Translate in language for academic purposes. *English for Specific Purposes, 37*, 112-121.
Karoly, A. (2014). Translation in foreign language teaching: A case study from a functional perspective. *Linguistics and Education, 25*, 90-107.
Krashen, S., & Terrell, T. (1983). *The natural approach: Language acquisition in the classroom.* London: Pergamon Press.
Lewis, M. (1997). *Implementing the lexical approach: Putting theory into practice.* London: Language Teaching Publications.
Nutzel, N. (2008). 언어란 무엇인가: 말과 글에 대해 알아야 할 모든 것(노선정 역). 파주: 살림출판사(원출판년도 2007). *Sprache oder was den memsch zum menschen macht.* Verlag, Germany.
O'Grady, W., & Dobrovolsky, M. (1992). *Contemporary linguistic analysis: An introduction.* Mississauga: Copp Clark Pitman Ltd.
O'Neill, E. (2016). Measuring the impact of online translation on FL writing scores. *The IALLT Journal, 46*(2), 1-39.
Prator, C. H., & Celce-Murcia, M. (1979). An outline of language teaching approaches. In M. Celce-Murcia & L. McIntosh (Eds.), *Teaching English as a second or foreign language.* Rowley, MA: Newbury House.
Prator, C. H., & Robinett, B. W. (1985). *Manual of American English pronunciation.* New York: Holt, Reinhart, & Winston.
Reppen, R., & Simpson-Vlach, R. (2010). Corpus linguistics. *Applied linguistics.* pp. 89-105.
Richards, J. C., & Rodgers, T. S. (2014). *Approaches and methods in language teaching* (3rd ed.). Cambridge: Cambridge University Press.
Rickerson, E. M., & Hilton, B. (2012). 언어학에 대한 65가지 궁금증(류미림 역). 서울: 경문사(원출판년도 2012). *The five-minute linguist.* (2nd ed.). Equinox Publishing Ltd.
Schmitt, N. (2010). *Applied linguistics.* (2nd ed.). New York: Routledge.

Spencer-Oatey, H., & Zegarac, V. (2010). Pragmatics. *Applied linguistics*. pp. 70-88.
Swain, M. (1985). Communicative competence: Some roles of comprehensible input and comprehensible output in its development. In S. Gass, & C. Madden (Eds.), *Input in second language acquisition*. (pp. 235-253). Rowley, MA: Newbury House.
Thornbury, S. (2006). *An A-Z of ELT: A dictionary of terms and concepts used in English language teaching.* Oxford: Macmillan.
Wilkins, D. A. (1972). *Linguistics in language teaching.* London: Edward Arnold.
https://www.youtube.com/watch?v=YgYSv2KSyWg
https://www.youtube.com/watch?v=lI-M7O_bRNg
https://ko.wikipedia.org/wiki/알파고_대_이세돌
https://100.daum.net/encyclopedia/view/55XX82700036
https://100.daum.net/encyclopedia/view/156XX33722458

찾아보기

한국어

ㄱ

각운 ·· 83, 89
강화 ··· 193
경우의 수 ··· 13-14, 16, 31-33, 47-48
고전적 교수법 ······························ 188
공감각적 표현 ······························ 143
공명음 ····································· 160-161
과잉일반화 ····································· 46
구개음 ······································ 159-160
구글 번역 ·· 62
구문론 ·· 102
구성성분 ················ 87, 113-115, 117
구조적 중의성 ······ 17, 117-118, 120-121, 144
국제음성부호 ································ 154
국제음성학회 ································ 154
군대식 교수법 ······························ 192
굴절 ··· 83-85
굴절접미사 ································ 84-85
규칙기반 기계번역 ···················· 59-60
기계번역 ········· 17, 59-62, 65, 95-96, 191, 199

ㄴ

내용어 ····································· 78, 80
농담 ································ 123, 143-145

ㄷ

다의어 ································· 75, 92-94
단모음 규칙 ································· 177
담화 ·· 131
덤 ··· 35-36
동음이의어 ························· 92-96, 143
두문자어 ································· 90-91
딥러닝 ·· 33
딥블루 ······· 16, 24-26, 30, 34, 40-41
딥쏘트 ····································· 25, 34

ㅁ

마이신 ·· 24
마찰음 ······························ 159-160, 162
말뭉치 ······································ 60-62

기계학습 ································· 23-24
기능어 ····································· 78-80
기보 ··· 38
기초적 대인간 의사소통능력 ····· 64

맥락 ⋯ 16, 18, 29, 56, 102, 130-135, 144, 169, 174, 189, 193
모니터 가설 ⋯ 195
모라벡의 역설 ⋯ 173
모음 ⋯ 76, 81, 89, 154, 159, 161-162, 164, 172, 174, 177, 179
목표어 ⋯ 53-54, 62, 189-190, 194
묶음 ⋯ 77-78, 158, 177-179
문법번역식 교수법 ⋯ 18, 131, 186, 188-193
문법성 판단 ⋯ 102-104
문법적 지식 ⋯ 17, 102
문자언어 ⋯ 76, 166-167, 172, 185-187, 190, 198
문장구조 ⋯ 102, 122-123

ㅂ
반복연습 ⋯ 192-193
반어법 ⋯ 142
반응 ⋯ 38, 90, 146, 193
발화실수 ⋯ 174
변형 ⋯ 115
보충법 ⋯ 87-88
보편문법 ⋯ 107-110, 112
복합어 ⋯ 85-87
분리 ⋯ 72, 105, 167-168
분리의 문제 ⋯ 167
분절음 ⋯ 158-159
불변성의 부족 문제 ⋯ 167, 170, 173
블루스팟 ⋯ 43-44
비유적 의미 ⋯ 136-137, 139-140

비음 ⋯ 158-160, 162-163
비정형 데이터 ⋯ 32
빅데이터 ⋯ 31-32, 44-45

ㅅ
상향식 듣기 ⋯ 169
상황적 맥락 ⋯ 18, 131-132, 134-135
선행사 ⋯ 132-133, 135
성문음 ⋯ 159-160
성조 ⋯ 175
속담 ⋯ 105, 139-140
수읽기 ⋯ 13-14, 47-48
수형도 ⋯ 111, 113
숙어 ⋯ 140-142, 200
순치음 ⋯ 159-160
술어 ⋯ 112
스펙트로그램 ⋯ 155
습득-학습 가설 ⋯ 195
시간 지시사 ⋯ 136
시스트란 ⋯ 59
시적 허용 ⋯ 65, 143
신의 한 수 ⋯ 39-40
신조어 ⋯ 91
심층신경망 ⋯ 62

ㅇ
알파고Lee ⋯ 42
알파고Zero ⋯ 42
양순음 ⋯ 159-160
어근 ⋯ 80-81, 83-88
어순 ⋯ 54, 61-62, 105-107, 110

어휘군	197
어휘적 중의성	17, 91-92, 94, 117-118, 131
어휘 중심 접근법	18, 187-188, 197-200
언어습득	44-45
언어적 맥락	18, 131-133
역설법	142
연구개음	159-160
연어	26, 83, 91, 115, 122, 198-200
연음규칙	168
올데이터	32
왓슨	16, 24-30
원천어	53-54, 62
위계적 구조	81-83, 111-113, 115, 118, 122-123, 176
유음	159-160, 162, 165
융합	89-90
은유법	18, 138-139
음성언어	76, 166-167, 185-187, 198
음성인식	18, 66, 155, 158, 161, 165-167, 169-170, 173-175, 200
음성학	18, 145, 153-157, 160, 166, 170
음성합성	18, 154, 166, 175-177, 180
음소	18, 104, 156-158, 161-166, 170-171
음소배열 규칙	18, 104, 157-158, 161-166
음운규칙	158
음운론	18, 153, 156-157, 166
음절	77, 83, 89-90, 104, 112, 157-159, 161-165, 168, 171, 173
음조	173
음향음성학	155-156
의존형태소	80
이음	156, 170-171
이해 가능한 입력	195-196
이해기능	185-186
인공신경망기반 기계번역	59, 62
인접쌍	134
인지적/학술적 언어능력	65
인칭 지시사	135
일견어휘	177
일시적 중의성	122
입력	38, 45, 53, 60, 95-96, 168-169, 173, 186, 194-196
입력 가설	195

ㅈ

자극	193
자연어처리	26
자연적 순서 가설	195
자연적 접근법	18, 186, 188, 194
자유형태소	80
자음	18, 81, 89, 108-109, 154, 156-165, 170-171, 174, 177, 179-180
자음군	162-165
자의성	76
장모음 규칙	177

저해음 160-161
전처리 96
전환 18, 58, 76, 78, 88-89, 115-116, 124, 166, 175
접두사 80, 82, 84
접미사 73, 80-81, 83-85, 87-88, 106-107, 146, 195
접사 80, 83, 85
정석 16, 37, 47-48
정의적 여과막 가설 195-196
정형 데이터 32
제1감 32
제퍼디 26-28
제한시간 35
조음방법 159-162
조음위치 159-160
조음음성학 154-156
존대법 56, 146-148
종성법칙 163
종속절 132-133
주어 72, 83-84, 104-105, 108-110, 112-113, 115-117, 123, 132, 147, 167-168, 189
주어 생략 언어 110
주절 132-133
중의성 17, 55, 91-92, 94, 117-118, 120-122, 131, 144
지도다면기 32
지시사 135-136
직관 15-16, 32-33, 41, 102, 195
직설적 의미 136-137, 139-141

직유법 137-138

ㅊ
착수 31, 35, 42
창의성 15-17, 41, 45-46
챗봇 124, 167, 193-194, 196
청화식 교수법 18, 186, 192-194
초분절음 158-159
초읽기 35
최대음절 164
치간음 159-160
치경음 159-160

ㅋ
칵테일파티 효과 174
코퍼스 언어학 198-199

ㅌ
텍스트 18, 79, 130, 166-167, 175, 200
통계기반 기계번역 59-62
통사론 17, 101-103, 106, 109, 111, 189
통사적 처리 115, 122-123
튜링 테스트 23

ㅍ
파닉스 78, 177
파생 83
파생접미사 83
파서 122

파열음	159-160, 162, 165
파찰음	159-160, 162
파파고	17, 62
패	31
퍼셉트론	24
평면적 구조	82, 111, 113, 115, 123, 176
표준화	65, 173
표현기능	185-186
품사	73, 75, 78-80, 83-84, 88-89, 123, 132
프라트	155

ㅎ

하향식 듣기	169
한정사	114
형태론	17, 71-72, 101, 117
형태소	72-74, 80-81, 101, 195
화용론	18, 129-130, 145, 166, 189
활음	159-161
후처리	65, 96, 191

로마자

A

acoustic phonetics	155
Acquisition-Learning Hypothesis	195
acronym	90
adjacency pair	134
Affective Filter Hypothesis	196
affix	80
affricate	160
all data	32
allophone	156, 170
AlphaGo	16, 24, 34, 40-41
alveolar	160
ambiguity	55, 91-92, 117, 122, 131, 144
antecedent	132, 135
arbitrariness	76
articulatory phonetics	154
Audiolingual Method	186, 192
auditory phonetics	155

B

Basic Interpersonal Communication Skills	64
big data	31
bilabial	160
blend	89
blue spot	43
bottom-up listening	169
bound morpheme	80

C

case	79
chatbot	193
clause	102, 132
cocktail party effect	174
coinage	91
collocation	198-199

compound 85
comprehensible input 195-196
comprehensive function 186
consonant 159, 162, 164
consonant cluster 162
content word 78
context 29, 130-131, 136, 189, 192
conversion 78, 88
coordination 133
corpus 60, 198-199
corpus linguistics 198
creativity 41

D
Deep Blue 16, 24, 26, 34, 41
deep learning 33
Deep Mind 34
Deep Neural Network 62
Deep Thought 25, 34
deixis 135-136
derivation 83
dictation computer 169
discourse 131
drill 192

E
expressive function 186

F
figurative meaning 136
form 71, 76, 91, 115, 130, 185, 188, 199
free morpheme 80
fricative 160
function word 78

G
gender 79
glide 160
glottal 160
Google Translate 62
Grammar-Translation Method 186, 188
grammaticality judgment 103
grammatical knowledge 102

H
head 113
hierarchical structure 81, 111
homophone 92
honorifics 146

I
idiom 140
inflection 83-84
inflectional suffix 84
input 45, 194-196
Input Hypothesis 195-196
interdental 160
International Phonetic Alphabet 154
International Phonetic Association

	154
intuition	32, 41
irony	142

L

labiodental	160
lack of invariance problem	170
lexical ambiguity	92, 117, 131
Lexical Approach	188, 197
lexis	197-198
linear structure	82, 111
linguistic context	131
liquid	160
literal meaning	136
locational deixis	136
Location Language	107

M

machine translation	59, 191
manner of articulation	160
Marker Language	107
maximal syllable	164
meaning	29, 71, 76, 92, 130-131, 135-136, 185
metaphor	138
Monitor Hypothesis	195
Moravec's paradox	173
morpheme	72, 80-81, 167
morphology	71

N

nasal	160
Natural Approach	186, 188, 194
Natural Language Processing	26, 74, 122, 166
Natural Order Hypothesis	195
neologism	91
Neural Machine Translation	62
null subject language	110

O

obstruent	160
overgeneralization	46

P

palatal	160
Papago	62
paradox	142, 173
parser	122
parsing	122
parts of speech	78
personal deixis	135
phoneme	156-157, 167, 170
phonetics	153-155
phonics	78, 177
phonological rule	158
phonology	153
phonotactics	104, 157, 161
phrase	83, 102, 131
pitch	173
place of articulation	159

plosive	160
poetic license	143
polyseme	75, 92
Post Editing	65
pragmatics	29, 130
predicate	108, 112
prefix	80
proverb	139
pun	143

R

reinforcement	193
response	193
root	80
Rule-Based Machine Translation	60

S

segment	72, 158, 167-168
segmentation	72, 167-168
segmentation problem	167
sentence	91, 92, 101-102, 111, 131
sentence structure	102
sight word	177
simile	137
situational context	131
slip of the tongue	174
sonorant	160
source language	53
spectrogram	155
speech recognition	155, 166, 200
speech synthesis	154, 166, 175
spoken language	186
stimulus	193
structural ambiguity	117, 144
structured data	32
subject	106
suffix	80, 83-84, 146
suppletion	87
suprasegment	158
synesthesia	143
syntactic processing	115, 122
syntax	101

T

target language	53, 60, 188, 194
temporal ambiguity	122
temporal deixis	136
text	130
tone	175
top-down listening	169
transformation	115
Turing test	23

U

Universal Grammar	108-109
unstructured data	32

V

variety	31
velar	160
velocity	31

volume ………………………… 31
vowel ………………………… 164, 177, 179

W

Watson ………………… 16, 24, 26, 29
word order ………………… 54, 105
written language ………………… 186

인공지능 시대의 영어 이야기

1판 1쇄 발행 2022년 2월 25일

지 은 이 | 윤여범
펴 낸 이 | 김진수
펴 낸 곳 | 한국문화사
등   록 | 제1994-9호
주   소 | 서울시 성동구 아차산로49, 404호(성수동1가, 서울숲코오롱디지털타워3차)
전   화 | 02-464-7708
팩   스 | 02-499-0846
이 메 일 | hkm7708@daum.net
홈페이지 | http://hph.co.kr

ISBN 979-11-6685-075-2 93370

· 이 책의 내용은 저작권법에 따라 보호받고 있습니다.
· 잘못된 책은 구매처에서 바꾸어 드립니다.
· 책값은 뒤표지에 있습니다.

오류를 발견하셨다면 이메일이나 홈페이지를 통해 제보해주세요.
소중한 의견을 모아 더 좋은 책을 만들겠습니다.